utb 4873

Eine Arbeitsgemeinschaft der Verlage

Böhlau Verlag · Wien · Köln · Weimar
Verlag Barbara Budrich · Opladen · Toronto
facultas · Wien
Wilhelm Fink · Paderborn
Narr Francke Attempto Verlag / expert verlag · Tübingen
Haupt Verlag · Bern
Verlag Julius Klinkhardt · Bad Heilbrunn
Mohr Siebeck · Tübingen
Ernst Reinhardt Verlag · München
Ferdinand Schöningh · Paderborn
transcript Verlag · Bielefeld
Eugen Ulmer Verlag · Stuttgart
UVK Verlag · München
Vandenhoeck & Ruprecht · Göttingen
Waxmann · Münster · New York
wbv Publikation · Bielefeld
Wochenschau Verlag · Frankfurt am Main

Kerstin Bronner
Stefan Paulus

Intersektionalität: Geschichte, Theorie und Praxis

Eine Einführung für das Studium der Sozialen Arbeit und der Erziehungswissenschaft

Mit Beiträgen von
Anna Bouwmeester, Fabienne Friedli und Ming Steinhauer

2., durchgesehene Auflage

Verlag Barbara Budrich
Opladen & Toronto 2021

Die Autor*innen:

Prof. Dr. Kerstin Bronner,
Professorin am Fachbereich Soziale Arbeit der OST – Ostschweizer Fachhochschule, St. Gallen, Schweiz

Prof. Dr. Stefan Paulus,
Professor am Institut für Soziale Arbeit und Räume der OST – Ostschweizer Fachhochschule, St. Gallen, Schweiz

Bibliografische Information der Deutschen Nationalbibliothek
Die Deutsche Nationalbibliothek verzeichnet diese Publikation in der Deutschen Nationalbibliografie; detaillierte bibliografische Daten sind im Internet über http://dnb.d-nb.de abrufbar.

Gedruckt auf säurefreiem und alterungsbeständigem Papier.

utb-Bandnr.	**4873**
utb-ISBN	**978-3-8252-5637-1**
utb-e-ISBN	**978-3-8385-4873-9**

Online-Angebote oder elektronische Ausgaben sind erhältlich unter www.utb shop.de.

Lektorat und Satz: Ulrike Weingärtner, Gründau – info@textakzente.de
Umschlaggestaltung: Atelier Reichert, Stuttgart
Druck: Friedrich Pustet KG, Regensburg
Printed in Germany

Inhalt

Vorwort . . . 7

1 Einleitung . . . 11

2 Soziale Ungleichheiten . . . 15
2.1 Soziologische Ungleichheitsforschung . . . 15
2.2 Analysemodelle sozialer Ungleichheit . . . 17
2.3 Stellenwert von Macht- und Herrschaftsverhältnissen im intersektionalen Forschungsansatz . . . 21
2.4 Ebenen sozialer Ungleichheit . . . 39
2.5 Kategorien sozialer Ungleichheit . . . 47

3 Historische Entwicklung des Intersektionalitätskonzepts . . . 65
3.1 Classbezogene Perspektiven . . . 66
3.2 Racebezogene Perspektiven . . . 68
3.3 Genderbezogene Perspektiven . . . 71
3.4 Bodybezogene Perspektiven . . . 76
3.5 Zusammenfassung der Perspektiven . . . 77
3.6 Intersektionalität nach Kimberlé Crenshaw . . . 78
3.7 Einzug von Intersektionalität in wissenschaftliche Debatten . . . 84
3.8 Zusammenfassung: Historische Entwicklung des Intersektionalitätskonzepts . . . 86

4 Intersektionalität als weiterführendes Analysekonzept der Wechselwirkungen sozialer Ungleichheit . . . 89
Exkurs . . . 89
4.1 Wechselwirkungen zwischen den Kategorien . . . 92
4.2 Wechselwirkungen zwischen den Ebenen . . . 96
4.3 Wechselwirkungen zwischen den Ebenen und Kategorien . . . 97
4.4 Intersektionales Analyseraster . . . 98
4.5 Intersektionale Fragegrafik . . . 101
4.6 Zusammenfassung: Intersektionale Wechselwirkungen . . . 103

5 Nutzen, Anforderungen und Herausforderungen eines intersektionalen Analyseblicks in Praxis und Forschung . . . 105
5.1 Soziale Arbeit und ihre „Verstrickung“ mit sozialer Ungleichheit . . . 106
5.2 Selbstreflexion und Standortbestimmung . . . 110
5.3 Zusammenfassung: Intersektionale Analysen als subjektorientierte Soziale Arbeit . . . 112

6 Praxisbeispiele 115
6.1 Intersektionalität in der Praxis der Sozialen Arbeit – eine (Selbst-)Reflexion. Oder: Wie aus einem Bauchgefühl ein Konzept wird 115
6.2 Die Umsetzung von Intersektionalität in der Arbeit von i-PÄD (Initiative intersektionale Pädagogik Berlin) 126

7 Literatur 133

Vorwort

Die Idee zu diesem Lehrbuch entstand, da die Autor_innen[1] zu wenig geeignete Texte für Lehrveranstaltungen im Bachelor- und Masterstudium zum Thema soziale Ungleichheit und Intersektionalität fanden. Bisher erschienene Publikationen führen Studierende zwar ins Thema ein, legen den Schwerpunkt jedoch auf forschungsmethodologische Aspekte oder auf die Nachzeichnung von Diskursen innerhalb der Intersektionalitätsdebatte. Die_der Autor_in haben sich zum Ziel gesetzt, diese Lücke zu schließen und ein Lehrbuch zu gestalten, welches Studierenden und Praktiker_innen einen verständlichen und umfassenden Einblick ins Thema Intersektionalität bietet. Dabei sollen weniger die theoretischen Debatten, sondern vielmehr die Entwicklungen, Begriffe und wesentlichen Aspekte des Diskurses zur Intersektionalität im Vordergrund stehen. Zahlreiche Beispiele und Praxisbezüge veranschaulichen die Ausführungen.

Das „Lehrbuch Intersektionalität" richtet sich in erster Linie an Studierende der Sozialen Arbeit und der Erziehungswissenschaften. Aufgrund der Fragen nach sozialer Ungleichheit und Macht ist es auch für Studierende der Sozialwissenschaften gut geeignet. Praktiker_innen soll es einen fundierten Einstieg ins Thema ermöglichen.

Weshalb sollten sich Sozialarbeitende und Erziehungswissenschaftler_innen eingehend mit Intersektionalität befassen? Oder anders gefragt: Was ist der Gewinn einer intersektionalen Analyse für das Handeln im beruflichen Alltag und für die Profession?

Fragen von Ungleichheit und der Umgang mit Differenzen haben in der Sozialen Arbeit und in den Erziehungswissenschaften eine lange Tradition, auch wenn früher andere Begriffe und Konzepte als Intersektionalität verwendet wurden. Soziale Ungleichheit in ihrer jeweiligen individuellen, gesellschaftlichen und historischen Ausprägung wirkt auf die Handlungsspielräume der Adressierten ein. Die Einschränkungen und Problematiken, die sich daraus ergeben, sind stets komplex zu denken und können nicht auf einen einzigen Faktor zurückgeführt werden. So werden geringe materielle Ressourcen nicht nur zum Problem, weil die Sicherung von existen-

1 Durch die Verwendung des Unterstrichs „_" werden in Anlehnung an Herrmann (2003) Existenzen sichtbar gemacht, die im kulturellen System der Zweigeschlechtlichkeit keinen (begrifflich) markierten Platz haben, wie z.B. Intersexuelle oder Transgender-Personen. Die mit diesem Unterstrich markierte Leerstelle verdeutlicht das gesellschaftliche Ordnungsschema der Zweigeschlechtlichkeit und überschreitet es zugleich.

ziellen Bedürfnissen gefährdet ist, sondern weil Armut in der Gesellschaft darüber hinaus eine wenig anerkannte soziale Position mit sich bringt und als individuelles Versagen definiert wird. In diesem Zusammenhang bietet eine intersektionale Analyse, wie im Lehrbuch dargelegt, einen Zugang, um Ungleichheitsverhältnisse in ihrer Komplexität auf verschiedenen Ebenen – der strukturellen, der symbolischen und der subjektiven – zu erfassen. Eine solche Analyse erfasst die Möglichkeitsräume und die Problematik des Einzelfalls stets in Bezug zum gesellschaftlichen Kontext. Individuelle Probleme können mit dieser Perspektive als gesellschaftliche Probleme wahrgenommen und bearbeitet werden. Dies soll jedoch nicht dazu verleiten, von der sozialen Lage auf die einzelnen Individuen zu schließen. In der Sozialen Arbeit und im Feld der Erziehung kommt man nicht umhin, den Einzelfall ins Zentrum zu rücken und als solchen in seiner Eigenlogik zu ergründen, zu rekonstruieren und zu fragen, welche sozialen Ungleichheitsverhältnisse auf welche Weise hineinspielen. In diesem Sinne ist Intersektionalität als sensibilisierendes Konzept, als Analysebrille und Hintergrundwissen nützlich. Intersektionalität ist hingegen keine „alleserklärende“ Theorie.

Lange Zeit wurde in der Sozialen Arbeit und in den Erziehungswissenschaften auf einzelne soziale Kategorien fokussiert. Zum Beispiel kam im Zusammenhang mit Genderfragen das Konzept der Mädchen- und Jungenpädagogik auf, um den spezifischen Bedürfnissen von Mädchen und Jungen Rechnung zu tragen. Ein intersektionaler Zugang verspricht hier eine Blickerweiterung, indem zusätzliche Kategorien einbezogen werden, z.B. Class und Race hinzukommen. Außerdem verspricht ein intersektionaler Zugang einen differenzierteren Blick, indem Heterogenität innerhalb der einzelnen Kategorien mitgedacht wird. Dabei werden soziale Kategorien als verwoben, als sich gegenseitig beeinflussend konzipiert. Beispielsweise ist die soziale Kategorie „Migrantin“ nicht einfach durch die summierten Benachteiligungen als „Frau“ und als „Migrant_in“ zu erfassen. Zwar verfügen Migrantinnen ebenfalls über einen ungleichen Rechtsstatus, sie können weder abstimmen noch wählen, so lange sie keine Staatsbürgerschaft des Wohnlandes besitzen. Wie alle „Frauen“ sind sie mit erhöhter Wahrscheinlichkeit von Lohnungleichheit betroffen. Doch darüber hinaus gibt es Phänomene, die ausschließlich durch das Zusammenwirken von Kategorien wie „Gender“, „Migration“ und „Religion“ zustande kommen. Zum Beispiel kursieren aktuell in gesellschaftlichen Diskursen spezifische Bilder von Migrantinnen mit muslimischem Hintergrund. Diese lassen sich weder auf ein frauenspezifisches noch ein ausländerspezifisches oder religiöses Problem reduzieren. Musliminnen gelten hierzulande als von ihren Männern unterdrückt und abhängig, als wenig gebildet und integrationsunfähig. Annahmen über das Geschlechterverhältnis verbinden sich in diesen Bildern mit Annahmen über „den Islam". Die hierbei festgestellte Rückständigkeit bzw. unterstellte Frauenfeindlichkeit ist zentrales Element der kulturellen Konstruktionen: Das Bild der „unterdrückten Muslimin" kontrastiert das der emanzipierten, modernen und freien „Schweizerin" oder „Deutschen". Diese Bilder drücken die aktuell bestehenden Machtverhältnisse aus und legitimieren sie zugleich. Solche Diskurse und damit verbundenen Machtverhältnisse beeinflussen nicht nur die Teilhabemöglichkeiten von Frauen, die in die Kategorie „Muslimin" fallen, sie prägen auch professionelle Kontexte. Migrantinnen mit muslimischem Hintergrund wie auch Sozialarbeitende stehen vor der Herausforderung, sich zu kursierenden Repräsentationen bewusst oder unbewusst zu positionieren und sich damit selbstreflexiv auseinanderzusetzen. Die intersektionale Analyse, wie im Lehrbuch ausgeführt, kann diesen Reflexionsprozess unterstützen.

Trotz Reflexion und Sensibilisierung bleibt aber auch die Soziale Arbeit in Ungleichheits- und Differenzverhältnisse verstrickt. Soziale Arbeit kommt aufgrund ihres Auftrags oftmals nicht umhin, zu unterscheiden, denn darüber wird etwa definiert, wer unterstützungsberechtigt ist. Durch Unterscheidungen und Normalitätsannahmen kann Soziale Arbeit nicht nur zur Verminderung, sondern je nach Situation und Auftrag auch zur Reproduktion von sozialer Ungleichheit beitragen. Intersektionalität stellt ein Konzept dar, mit dessen Hilfe die jeweils aktuelle Position der Sozialen Arbeit und ihr Beitrag zur Verminderung oder Erhaltung von sozialen Unterscheidungen analysiert werden können. Das Lehrbuch plädiert in diesem Zusammenhang für eine subjektorientierte Soziale Arbeit und für eine selbstbestimmte, kritische und politische Praxis. Eine Soziale Arbeit, die danach fragt, wie, warum und mit welchen Konsequenzen Soziale Arbeit in ungleichheitsgenerierende Prozesse involviert ist.

Der Intersektionalitätsansatz geht mit diesem Blick auf Dominanz- und Machtverhältnisse über die reine Beschreibung von Differenzen hinaus und bietet Raum für das kritische Analysieren und Hinterfragen der pädagogischen und sozialarbeiterischen Praxis sowie der gesellschaftlichen Ungleichheitsverhältnisse. Auf dieser Basis können Verbesserungsmöglichkeiten, etwa im beruflichen Handeln, in Organisationen und in der Politik, ausgelotet werden – und dies jenseits von vereinfachenden Rezepten.

Nadia Baghdadi, FHS St. Gallen im März 2017

1 Einleitung

Das aus der Frauen- und Geschlechterforschung stammende Konzept der Intersektionalität ist auf dem besten Weg, zu einem neuen Paradigma kritischer Gesellschaftstheorie aufzusteigen. Ebenso mehren sich Diskussionen um den Nutzen des Intersektionalitätskonzepts für die Praxis Sozialer Arbeit. Dies veranschaulicht eindrucksvoll die Anzahl der in den letzten zehn Jahren erschienenen Veröffentlichungen und stattgefundenen Konferenzen (z.B. Schrader/von Langsdorff 2014; Giebeler/Rademacher/Schulze 2013; Lutz/Herrera Vivar/Supik 2010; Winker/Degele 2009).

Geschichtlich betrachtet, ist Intersektionalität schon Ende der 1960er-Jahre in den USA im Umfeld eines „Black Feminism" diskutiert worden. Die Kritiken des „Black Feminism" richteten sich dahin, dass weiße feministische Theoretikerinnen aus der Mittelschicht ihre eigenen Lebensbedingungen und Bedürfnisse zum „Mainstream" aller Frauen machten. Bereits damals wurde deutlich, dass ein hierarchisches Denken in Kategorien (Weiß oder Schwarz; Mittel- oder Unterschicht; In- oder Ausländerin usw.) zu kurz greift, um den komplexen Lebenslagen und Problemkonstellationen von Individuen gerecht zu werden. Die schwarze Juristin Kimberlé Crenshaw „reagierte" 1989 mit ihrem Bild der Straßenkreuzung (Intersection) auf diese verkürzten Sichtweisen. Seither wird in Theorie und Praxis differenziert, vielfältig und kritisch um die Bedeutung sozialer Kategorien wie Class, Gender, Race und Body sowie deren Auswirkungen auf individuelle Lebenslagen diskutiert.

Die aktuellen Debatten zur „Intersektionalität" verweisen dementsprechend auf die Verwobenheiten und das Zusammenwirken verschiedener Kategorien sozialer Ungleichheit sowie deren Zusammenhang zu Macht- und Herrschaftsverhältnissen. Unter Intersektionalität wird allgemein verstanden, dass soziale Kategorien wie Herkunft, Gender, Schichtzugehörigkeit, körperliche Beeinträchtigungen etc. *nicht isoliert voneinander* analysiert werden können, um die Hintergründe sozialer Ungleichheit zu verstehen. Vielmehr geht es um Verwobenheiten und Überkreuzungen mehrerer Kategorien – sprich Intersektionen – mit gesellschaftlichen Strukturen und Verhältnissen in Wirtschaft, Politik, Kultur etc. Der Fokus des Intersektionalitätskonzepts sind Macht-, Herrschafts- und Normierungsverhältnisse, die soziale Strukturen, Praktiken und Identitäten (re)produzieren.

Mit einer intersektionalen Sichtweise ist es daher möglich, unterschiedliche Formen der sozialen Ungleichheit sowohl in ihren Auswirkungen als auch in ihren Entstehungskontexten weiterführend zu analysieren. Gerade diese Mehrdimensionalität auf Kategorien sozialer Ungleichheit in ihren Formen und Ursachen erweitert die bisherige soziologische Ungleichheitsforschung, indem auch das „So-geworden-Sein" der Kategorien hinterfragt werden kann. Damit kann sich auch gleichzeitig das fachliche Selbstverständnis bzw. die professionelle „Identität" der Sozialarbeitenden schärfen.

Insgesamt ist dieser Ansatz nicht nur als erneuertes Paradigma in den Gender und Queer Studies wahrzunehmen. Konsequent gedacht, ermöglicht er vielmehr gerade für die Praxis Sozialer Arbeit einen differenzierteren Blick auf individuelle Lebenslagen und Problemkonstellationen – ohne diese dabei zu individualisieren. Denn durch die analytische Verwobenheit sozialer Kategorien mit gesellschaftlichen Macht- und Herrschaftsverhältnissen enthält das Konzept immer auch ein gesellschaftskritisches Moment. Zudem bietet dieser Ansatz die Möglichkeit, in interdisziplinären Zusammenhängen zu denken. Durch das Begreifen der Verwobenheiten unterschiedlicher Strukturen und Kategorien kann so der Blickwinkel auf gesellschaftliche Lebensverhältnisse geschärft werden. Denn ein eindimensionaler Fokus auf nur eine Kategorie wie z.B. Herkunft oder körperliche Beeinträchtigung bedeutet einen begrenzten Zugriff auf gesellschaftliche Bedeutungen sowie Denkformen. Damit wird die Lebenswirklichkeit der Subjekte reduziert, die sich in ihrer sozialen Praxis auf die in den gesellschaftlichen Bedeutungen enthaltenen Handlungsmöglichkeiten beziehen. Einfach gesagt, bedeutet dies: Durch die Minimierung von Alternativen bereits in der Analyse wird auch die (sozialarbeiterische) Handlungsfähigkeit eingeschränkt.

Vor diesem Hintergrund werden in diesem Lehrbuch verschiedene inhaltliche Schwerpunkte gesetzt, die sich im Aufbau zunächst in zwei Teilen widerspiegeln: Im 1. Teil wird in den *Kapiteln 1 und 2* die Grundlage gelegt für das Begreifen und Analysieren sozialer Ungleichheit. Dieser Teil bildet den notwendigen theoretischen Hintergrund für das Verstehen von gesellschaftlichen (Herrschafts-)Verhältnissen, Strukturen und Mechanismen.

Im 2. Teil wird, darauf aufbauend, in den *Kapiteln 3–5* das „Handwerkszeug" intersektionaler Analysen diskutiert, stets auf Fragen der Praxis Sozialer Arbeit bezogen.

Zur Einführung in den theoretischen Rahmen von Intersektionalität wird in Kapitel 2 der Begriff soziale Ungleichheit eingeführt, definiert und eingegrenzt. In diesem Kontext wird auf das Thema Intersektionalität als weiterführendes Analysekonzept sozialer Ungleichheit eingegangen. Daran anschließend wird das intersektionale Analysekonzept nach Ebenen und Kategorien sozialer Ungleichheit weiter ausdifferenziert.

In Kapitel 3 wird zum Verstehen des Konzepts Intersektionalität die historische Entwicklung im deutschsprachigen Raum dargestellt. Dadurch wird deutlich, wie sich innerhalb der Frauen-, Geschlechter-, Gender- und Queerforschung die Debatten um Ungleichheit entwickelt haben und was schließlich das Weiterführende des Intersektionalitätskonzepts ist. Fragen nach dessen Nutzen für das professionelle Handeln werden dabei stets mitdiskutiert.

In Kapitel 4 wird eine ausführliche methodische Darstellung intersektionaler Vorgehensweisen zur Analyse von sozialen Ungleichheiten unternommen. Hier geht es ganz konkret um die Frage, wie das Konzept im professionellen Handeln fruchtbar gemacht werden kann und welche Herausforderungen und Fragen sich dabei ergeben.

Schließlich wird in Kapitel 5 diskutiert, welche Anforderungen und Herausforderungen sich bezüglich eines intersektionalen Analyseblicks ergeben, und zwar sowohl aus Sicht der Forschung als auch aus Sicht der Praxis. Hierbei wird deutlich werden, dass das Weiterführende des Konzepts in einer Sensibilisierung von Praktiker_innen liegt, indem deren professionelle Analysekompetenzen geschärft werden sich und die professionelle Bearbeitung sozialer Ungleichheiten differenziert.

Praxisbezogene Reflexionen in Kapitel 6 konkretisieren diese Ausführungen und runden den Band ab. Anna Bouwmeester und Fabienne Friedli geben in ihrem Beitrag Antworten auf die Frage, warum die Auseinandersetzung mit dem Intersektionalitätskonzept im Studium der Sozialen Arbeit relevant ist und weshalb in der Folge Intersektionalität selbstverständlicher Bestandteil professionellen Handelns sein sollte. Ming Steinhauer beschreibt in ihrem Artikel die Umsetzung von Intersektionalität in der Arbeit von i-PÄD (Initiative intersektionale Pädagogik Berlin).

Danksagung

Unser Dank gilt den Verantwortlichen im Fachbereich Soziale Arbeit der Ostschweizer Fachhochschule St. Gallen. Durch die Förderung des Themas Intersektionalität und durch die zur Verfügung gestellten Ressourcen haben sie dazu beigetragen, dass dieses Buchprojekt verwirklicht werden konnte. Weiterer Dank gilt den Dozierenden des Moduls „Modernisierung und soziale Ungleichheit als Bedingungen der Sozialen Arbeit", welche die Verankerung des Themas Intersektionalität in der Lehre unterstützt haben. Insbesondere danken wir Herbert Meier und Nadia Baghdadi für die kritische Durchsicht des Manuskripts und ihre konstruktiven Rückmeldungen. Tino Plümecke danken wir für das Verfassen wesentlicher Teile des

Unterkapitels Race und für seine fachliche Beratung. Bettina Grubenmann und Steve Stiehler sei für ihre moralische Unterstützung in den kniffligen Phasen des Projekts gedankt. Das Schaubild in Kapitel 3.6 ist das Ergebnis studentischen Mit- und Weiterdenkens aus einer Lehrveranstaltung zu Intersektionalität heraus – danke Walter Graf. Das Arbeitsraster in Kapitel 4.4 wurde in Zusammenarbeit mit verschiedenen Praxiseinrichtungen entwickelt, auch hier ein herzliches Dankeschön. Schließlich danken wir den Studierenden unserer Lehrveranstaltungen, die durch ihre Fragen, Kommentare und Diskussionen dazu beitragen, dass unsere Auseinandersetzung mit dem Intersektionalitätskonzept lebendig bleibt und sich weiterentwickelt. In diesem Sinne möchten wir auch mit einem studentischen Zitat aus einer Diskussion schließen:

> *„Intersektionalität hilft, ein komplexes Problem zu entwirren. Gleichzeitig zeigt es die Komplexität des Problems."*

2 Soziale Ungleichheiten

Die aktuellen Debatten zur „Intersektionalität" verweisen auf die Verwobenheit und das Zusammenwirken verschiedener Kategorien und Dimensionen sozialer Ungleichheit. *Kategorien* bezeichnen in diesem Zusammenhang die Zusammenfassung einer Gruppe von Personen mit gemeinsamen sozial relevanten Merkmalen, welche mit Diskriminierungen einhergehen können. Typische intersektionale Kategorien sind Class, Race, Gender und Body. *Dimensionen* bezeichnen die Orte oder Abmessungen bzw. die gesellschaftlichen Ebenen, auf denen diese Diskriminierungen sich abspielen. Typische intersektionale Dimensionen sind die Strukturebene (Wirtschaft, Politik, Gesetze, Institutionen, Einkommen), die Symbolebene (Diskurse, Medien, Ideologien, Religion, Moral, Normen und Werte) und die Subjektebene (individuelles Verhalten, Wahrnehmen, Handeln). Mit diesen beiden Zugängen ist es möglich, die Verbindungen von gesellschaftlichen Strukturen und individuellem Handeln als Interaktionen zu verdeutlichen. Die intersektionale Beschreibung von sozialer Ungleichheit ermöglicht daher nicht nur eine formale Beschreibung von Ungleichheitskategorien und -dimensionen, sondern auch die damit verbundenen Prozesse und gesellschaftlichen Machtverhältnisse.

Vorab wird in diesem Zusammenhang zuerst allgemein in die soziologische Ungleichheitsforschung sowie in die Ungleichheitsdimensionen eingeführt, um im Anschluss daran Analysemodelle sowie den Stellenwert von Macht- und Herrschaftsverhältnissen im intersektionalen Forschungsansatz zu thematisieren. Mit diesen Grundlagen werden dann die Ebenen und Kategorien der sozialen Ungleichheit aufgezeigt.

2.1 Soziologische Ungleichheitsforschung

In der soziologischen Ungleichheitsforschung, welche die Verteilung von Ressourcen zum Gegenstand hat, werden mittels gesellschaftstheoretischer Strukturmodelle die verschiedenen Arten und Ausmaße bzw. Dimensionen von Ungleichheit erklärt. Kreckel beschreibt, dass soziale Ungleichheit überall dort vorliegt

> „[...], wo die Möglichkeiten des Zugangs zu allgemein verfügbaren und erstrebenswerten sozialen Gütern und/oder zu sozialen Positionen, die mit

> ungleichen Macht- und/oder Interaktionsmöglichkeiten ausgestattet sind, dauerhafte Einschränkungen erfahren und dadurch die Lebenschancen der betroffenen Individuen, Gruppen oder Gesellschaften beeinträchtigt bzw. begünstigt werden" (Kreckel 2004: 17).

Das bedeutet im Allgemeinen, dass soziale Ungleichheit entsteht, wenn knappe und wertvolle materielle oder immaterielle Güter (z.B. Erwerbsarbeit, Bildung) systematisch aufgrund gesellschaftlicher Verhältnisse (Kapitalismus, Monarchie, Diktatur) ungleich verteilt werden. Daraus ergeben sich *vorteilhafte bzw. nachteilige Lebensbedingungen* (Bildungschancen, Konsumchancen, politische Partizipationschancen, Auf- oder Abstiegschancen). Die vorteilhaften bzw. nachteiligen Lebensbedingungen gehen mit unterschiedlichen Statuszuschreibungen, Unterscheidungen im Ansehen, der Wertschätzung, des Prestiges sowie mit Macht-Asymmetrien und Abhängigkeitsverhältnissen (z.B. in Familie oder Schule) einher. Vor allem Kinder haben wenige Möglichkeiten, ihre sozialen Ungleichheitsverhältnisse zu beeinflussen, bzw. sind sozialer Ungleichheit in besonderem und oftmals verdecktem Maße ausgeliefert. Allerdings sind nicht alle Besser- bzw. Schlechterstellungen Erscheinungsformen sozialer Ungleichheit, sondern nur jene, die in gesellschaftlich strukturierter, beständiger und verallgemeinerbarer Form zur Verteilung kommen (vgl. Hradil 2008: 213).

Ein Aspekt in der soziologischen Ungleichheitsforschung ist die Darstellung von gesellschaftlichen Strukturen bzw. gesellschaftlichen Hierarchien, die sich durch die Begründungen der sozialen Ungleichheit ergeben. Hierbei wird in der Darstellung nach horizontalen und vertikalen Ungleichheiten unterschieden. Mit der Beschreibung einer *vertikalen sozialen Ungleichheit* wird versucht, die soziale Position in ein gesellschaftliches „Unten" und „Oben" einzuteilen. Neben Beruf, Einkommen und Bildungsabschlussbestimmen auch Arbeitsplatzsicherheit, Wohngegend, Lebensstil oder das soziale Ansehen die Besser- bzw. Schlechterstellungen. Mit der Beschreibung einer *horizontalen sozialen Ungleichheit* wird der Versuch unternommen, die vertikalen Positionierungen zu unterscheiden, d.h. in den vertikalen Positionierungen können soziale Ungleichheiten nach den Kriterien Gender, Alter, Region oder Herkunft zu weiteren Besser- bzw. Schlechterstellungen führen. Dementsprechend können unterschiedliche Lebenslagen trotz gleicher Position im vertikalen Gefüge der Gesellschaft unterschiedliche Positionierungen mit sich bringen.

2.2 Analysemodelle sozialer Ungleichheit

Historisch betrachtet, existiert und existierte soziale Ungleichheit in allen bekannten Gesellschaften und ist – obwohl sie oftmals als gott- oder naturgegeben deklariert wurde, wie z.B. in der antiken Sklavenhaltergesellschaft, im NS-Regime – immer eine *sozial konstruierte* Angelegenheit (vgl. Burzan 2007: 6f.). Unabhängig davon, welche Begründung für soziale Ungleichheit angeführt wurde (gott- oder naturgegeben, politisch oder moralisch), diese wurde gesellschaftlich mit Zwang und Gewalt und/oder durch Zustimmung durchgesetzt (vgl. Apartheit, indische Kastengesellschaft etc.). Das heißt weiter, dass Ursachen und Merkmale sozialer Ungleichheit in den jeweiligen Gesellschaften geschichtlich und strukturell unterschiedlich sein können. Um Ursachen und Merkmale sozialer Ungleichheit zu erfassen, gibt es verschiedene Sozialstrukturanalysen (vgl. Schallberger 2006: 6ff.):

Ständetheoretische Forschungsansätze können soziale Ungleichheit in traditionalen bzw. mittelalterlichen und frühneuzeitlichen Gesellschaften beschreiben. Die Entwicklungs- und Entfaltungschancen in dieser Zeit wurden maßgeblich über die Geburt bestimmt, sie hingen also davon ab, in welchen gesellschaftlichen Stand eine Person hineingeboren wurde. Die soziale Mobilität in einer ständischen Gesellschaft mit Leibeigenen, freien Bürger_innen, Adel, Klerus und König ist daher gering. Max Weber weist in diesem Zusammenhang darauf hin, dass die Standeszugehörigkeit und die damit verbundene soziale Ungleichheit zusätzlich durch „eine spezifische, positive oder negative, soziale Einschätzung der ‚Ehre' bedingt ist, die sich an irgendeine gemeinsame Eigenschaft vieler knüpft" (Weber 1922: 534). Anders gesagt, produzieren geteilte Konventionen und ein spezifisches Ehrgefühl ein bestimmtes gesellschaftliches Ansehen sowie Formen von Ein- oder Ausschlussmechanismen in Bezug auf bestimmte Entwicklungs- und Entfaltungschancen.

Klassentheoretische Forschungsansätze beziehen sich auf die Analysen von Karl Marx und Friedrich Engels und beschreiben, dass die soziale Ungleichheit in modernen Gesellschaften bzw. im Kapitalismus aufgrund von ungleichen Eigentumsverhältnissen zwei Klassen von Menschen entstehen lassen: die besitzende Klasse (Produktionsmittelbesitzer_innen) und die besitzlose Klasse (Menschen, die nur ihre Arbeitskraft besitzen und diese gegen Lohn verkaufen müssen). Die Verfügungsgewalt über fixes Kapital (Produktionsmittel) und variables Kapital (Lohnarbeiter_innen) sowie über die Produkte der Arbeit bedingt die soziale Ungleichheit. Dieses Verhältnis weist den Menschen ihren Platz innerhalb der Gesellschaft zu und ermöglicht bzw. beschränkt systematisch ihre Entwicklungs- und Entfaltungschancen. In kapitalistisch organisierten Gesellschaften, die auf dem Recht auf Privateigentum an Produktionsmitteln basieren und dadurch Konkurrenz und Wettbewerb erzeugen, um die profitabelsten Produktionsbedingungen zu fördern, lässt sich die soziale Ungleichheit nicht vermeiden, weil diese elementar für diese Lebens- und Wirtschaftsweise ist (vgl. MEW 23-25). Auch hier ist die soziale Mobilität, um von einer Klasse in die andere zu wechseln, eher gering.

In Abgrenzung zur Zwei-Klassen-Gesellschaft verorten *schichtungstheoretische Forschungsansätze* soziale Ungleichheit in einem hierarchisch aufgebauten Schichtungsmodell mit Oberschicht, Mittelschicht und Unterschicht. Diese Modelle sind maßgeblich während der Zeit der Bildungsexpansion in Westdeutschland entstanden (vgl. Dahrendorf 1965). Unterscheidungsmerkmale sind neben den wirtschaftlichen und berufsabhängigen Faktoren auch bildungsabhängige Entwicklungs- und Entfaltungschancen. Die soziale Mobilität von Personen wird hierdurch als offen und grundsätzlich möglich angesehen, da der soziale Aufstieg wesentlich durch Bildungsabschlüsse bestimmt wird.

Mit einer bestimmten Zugehörigkeit zu einer Schicht geht auch in diesem Erklärungsansatz für soziale Ungleichheit ein bestimmtes soziales Ansehen, ein bestimmter Lebensstandard sowie das Gefühl einer Schichtzugehörigkeit einher (vgl. Warner 1960).

Milieu- und lebensstiltheoretische Forschungsansätze differenzieren die schichtungstheoretischen Ansätze weiter aus, indem sie auf die gemeinsam getragene Kultur in einer jeweiligen Schicht fokussieren. Die soziale Lage oder Schichtung wird in diesem Erklärungsansatz mit einer jeweiligen Grundhaltung in Bezug auf Konsum, Lebensstil oder Freizeitaktivitäten kombiniert. Das heißt, dass gemeinschaftlich geteilte Wertvorstellungen und Verhaltensnormen spezifische Subkulturen mit je eigenen Dazugehörigkeitsmustern etablieren, die wiederum die Entwicklungs- und Entfaltungschancen beeinflussen. Auf diese Weise werden Milieus sowie soziale Lagen gebildet, die sich in ihren Dimensionen bezüglich der sozialen Ungleichheit ähneln (vgl. Sinus-Institut 2016).

Pierre Bourdieus sozialstrukturanalytischer bzw. *praxeologischer und ressourcentheoretischer Forschungsansatz* kombiniert die zuvor beschriebenen Modelle, indem er den Entwicklungs- und Entfaltungschancen von Menschen die Verfügbarkeit von unterschiedlichen Kapitalsorten gegenüberstellt. Durch ungleiches Verfügen über ökonomisches Kapital (Einkommen, Vermögen), kulturelles Kapital (Bildung), symbolisches Kapital (Prestige) oder soziales Kapital (Beziehungen, Freundschaften, Familie) entsteht soziale Ungleichheit. Damit einhergehend resultiert auch eine bestimmte gesellschaftliche Position, die nicht nur über die Menge an Kapital, sondern auch über die Qualität und das Mischverhältnis der Kapitalsorten variiert. Die soziale Mobilität ist demnach über das Anfangskapital begründet. Je weniger Kapital, desto schwieriger die soziale Mobilität und höher die soziale Ungleichheit. Dieser Mechanismus verfestigt laut Bourdieu nicht nur die hierarchisierte soziale Ordnung, sondern führt auch zu einer Verinnerlichung der sozialen Ordnung, weil Verfügbarkeit von Kapital bzw. das Wissen um Ressourcen „die Wahrnehmung der sozialen Welt organisiert“ (Bourdieu 1987: 549).

Der *intersektionale Forschungsansatz* knüpft an Bourdieus Ansatz an und betont, dass neben der *vertikalen sozialen Ungleichheit* in Form von formalen Bildungsgraden, mehr oder minder sicheren Anstellungsverhältnissen, Einkommenshöhen und des beruflichen Ansehens bzw. Prestiges auch *horizontale Formen* der sozialen Ungleichheit entstehen. Das heißt, innerhalb jeder dieser Dimensionen lassen sich höhere oder niedrigere Positionen unterscheiden, die als Bildungs-, Erwerbs-, Berufs-, Einkommens- bzw. Prestige-Status bezeichnet werden (vgl. Hradil 2012). Eine horizontale soziale Ungleichheit bildet sich hingegen aus, wenn unterschiedliche Lebenslagen trotz gleicher Position im vertikalen Gefüge entstehen. So können z.B. die Verschiedenartigkeiten von Menschen hinsichtlich Gender, Alter, Aussehen, Körpergröße, Gesundheitszustand, religiösem Glauben, ethnischer Zugehörigkeit, nationaler Herkunft, sexueller Orientierung oder einer Behinderung zu Macht-Asymmetrien oder Abhängigkeitsverhältnissen führen. Helma Lutz und Norbert Wenning schlagen 13 bipolare hierarchische Linien der Differenz vor: Gender, Sexualität, Race/Hautfarbe, Ethnizität, Nation/Staat, Class, Kultur, Gesundheit, Alter, Sesshaftigkeit/Herkunft, Besitz, Nord-Süd/Ost-West, gesellschaftlicher Entwicklungstand. Winker und Degele (2009) bemessen diesen sozialen Unterscheidungen aufgrund von strukturellen Merkmalen innerhalb der Dimensionen ebenfalls weitere wichtige Bedeutungen zu. Sie fassen die sozialen Unterscheidungen mit vier wesentlichen gesellschaftlichen *Kategorien – Class, Gender, Race und Body – zusammen* (vgl. Winker/Degele 2009: 37–51). Gemeinsam ist diesen Kategorien, dass sie den Zugang zu gesellschaftlichen Ressourcen über die jeweilige Leistungsfähigkeit steuern, die Verteilung gesamtgesellschaftlicher Ressourcen über den Lohn geschlechtsspezifisch ab- oder aufwerten oder durch Aufenthalts-, Wahl- und Arbeitserlaubnissen ungleich verteilen (vgl. Winker/Degele 2009: 52). Auch in diesem Modell entscheidet die Wirksamkeit von Unterscheidungs- bzw. Diskriminierungskategorien die soziale Lage:

- Die Klassenzugehörigkeit entscheidet über den sozialen Status sowie über das Verfügen von Einkommen bzw. Vermögen.

- Die Zugehörigkeit zu einem Geschlecht entscheidet ebenfalls über die soziale Stellung, da innerhalb der bürgerlich-kapitalistischen Gesellschaft hierarchisch in Mann und Frau unterschieden wird.
- Wie auch bei der Kategorie Gender wird die Kategorie Race sozial konstruiert. Obwohl die DNA aller Menschen zu 99,9% identisch ist, werden Menschen aufgrund ihrer Herkunft, Hautfarbe oder kulturellen Identität diskriminiert.
- Eine weitere Kategorie in diesem Zusammenhang bildet der Körper bzw. seine Konstitution. Diese ist oftmals ausschlaggebend für den Erwerbs-, Berufs-, Einkommens- und Prestige-Status.

Mit diesen Kategorien etablieren sich in wechselseitiger Beeinflussung Versorgungsklassen (Pensionierte, Kinder, Jugendliche, Alleinerziehende), geschlechtsspezifische Trennungen, Diskriminierungen und Benachteiligungen aufgrund von kulturellen Merkmalen (nationale Herkunft, Religion) sowie körperlichen Merkmalen (Kranke, Behinderte, Junge, Alte). Winker und Degele betonen, dass diese Kategorien nicht nur für sich genommen die jeweilige Stellung anweisen, sondern dass auch hierbei die Mischverhältnisse und wechselseitigen Beeinflussungen maßgebend sind. Dadurch zeichnet sich im intersektionalen Ansatz in der Darstellung und Analyse von sozialer Ungleichheit ein qualitativer Unterschied zu anderen Ansätzen ab: Neben dem Blick auf die *vertikalen Ungleichheiten* werden *horizontale Aspekte* und deren *Wechselwirkungen* untersucht. Im Gegensatz zur traditionellen Ungleichheitsforschung, die auf eine statistisch präzise Erfassung von Ungleichheiten fokussiert ist, spielen für den intersektionalen Ansatz strukturelle Hintergründe und Bedingungen ebenso eine große Rolle wie individuelle Reproduktionsweisen von sozialer Ungleichheit.

Zusammenfassend betont der intersektionale Forschungsansatz, dass soziale (Ungleichheits-)Kategorien wie Herkunft, Gender, Schichtzugehörigkeit, körperliche Beeinträchtigungen etc. nicht isoliert voneinander analysiert werden können, sondern in ihrer Verwobenheit und in Überkreuzungen mit gesellschaftlichen Voraussetzungen in Wirtschaft, Politik, Kultur etc. Das Forschungsfeld bzw. der gemeinsame Gegenstand der Intersektionalität sind demnach vielmehr *Macht-, Herrschafts- und Normierungsverhältnisse* (vgl. auch Kapitel 2.3; 4) und Dimensionen, auf denen diese Verhältnisse sich verdeutlichen.

Somit ist die *moderne Ungleichheitsforschung* vielmehr auf die ungleiche Verteilung von Ressourcen fokussiert und fragt danach, durch welche Mechanismen sich soziale Ungleichheit gerechtfertigt und reproduziert bzw. warum Menschen diese Verhältnisse nicht nur für andere, sondern auch für sich selbst hinnehmen. Wie sich aus diesen Modellen verdeutlicht, existieren vielfältige Forschungsansätze, um die unterschiedlichen Ebenen sozialer Ungleichheit zu erfassen.

Besonders die aktuellen Debatten zur „Intersektionalität“ fokussieren auf die Verwobenheit und das Zusammenwirken verschiedener Ungleichheitskategorien sowie unterschiedlicher Dimensionen sozialer Ungleichheit (vgl. Kapitel 4).

Im Folgenden wird daher zuerst auf den Stellenwert von Macht- und Herrschaftsverhältnissen im Intersektionalitätskonzept eingegangen, um zu erklären, wie soziale Ungleichheit in diesem Zusammenhang hergestellt und weshalb sie hingenommen wird.

2.3 Stellenwert von Macht- und Herrschaftsverhältnissen im intersektionalen Forschungsansatz

Gesellschaftliche Strukturen werden wesentlich von Macht- und Herrschaftsverhältnissen geordnet. Der Unterschied zwischen Macht und Herrschaft besteht in der unterschiedlichen Wirkung auf die Individuen. Über eine gewaltsame oder illegitime Ausübung von Zwang auf Individuen vollziehen sich Herrschaftsverhältnisse, welche den Handlungsspielraum von Individuen einengen oder verunmöglichen. Machtverhältnisse hingegen wirken indirekt und vermittelt (vgl. Lemke 1997: 304f.). Das heißt, Herrschaftszustände kristallisieren sich heraus, wenn bestimmte Menschen „mehr oder weniger umfassend die Führung anderer Menschen bestimmen“ (Foucault zitiert in Lemke 1997: 305) können bzw. wenn es einer bestimmten Gruppe gelingt, Machtverhältnisse zu blockieren, unbeweglich und bewegungslos zu machen sowie ein dauerhaftes Ungleichgewicht von Macht zu etablieren. Das *Ungleichgewicht von Macht* innerhalb einer Gesellschaft sowie die Hierarchisierung von Macht, um die Gegen-Macht zu annullieren, lassen sich daher als *Herrschaft oder Hegemonie* verstehen. Wesentlich beteiligt an dieser ungleichen Verteilung von Macht sind ökonomische Gewaltverhältnisse durch die kapitalistische Wirtschaftsordnung, ideologische sowie repressive Staatsapparate (Schule, Familie, Kindergarten oder Polizei, Militär, Recht etc.), welche durch ihr Gewaltmonopol ausschließlich herrschaftssichernde Formen von Macht zulassen.

Antonio Gramscis Hegemonietheorie beschäftigt sich mit diesen umkämpften Prozessen, den Rahmenbedingungen zur Konstitution von gesellschaftlichen Machtverhältnissen und der Vermittlung von hegemonialen Denkformen durch Staatsapparate. Nach Gramsci wird Hegemonie ausgeübt, indem ein Konsens innerhalb der jeweiligen Staatsform organisiert wird, um so durch die Unterstützung des individuellen Staatsbürgers/

der individuellen Staatsbürgerin die Duldung bzw. Zustimmung der Gesellschaftsformation zu erzielen (vgl. Gramsci 1980: 277). Hegemonien konstituieren sich, indem ein hegemonialer Block bzw. ein bestimmtes Klassenbündnis gesellschaftliche Kräfte kontrolliert und Herrschaftsverhältnisse entstehen lässt. Gramsci spricht in diesem Fall von der „Erziehung" der Staatsbürger_innen, die die Aufgabe hat, die Gesellschaft auf ein bestimmtes kulturelles und ideologisches Niveau zu heben, das den Interessen der Herrschenden entspricht. Hegemonien beruhen vor allem auf der ideologischen Unterwerfung und werden durch Politik vermittelt (vgl. Hall 1994: 121ff.). Hegemonien können so als *Zustand sozialer Autorität* seitens eines bestimmten hegemonialen Blocks über die gesamte Gesellschaftsformation verstanden werden (vgl. Demirovic 1992; Hirsch 1992). Herrschaft bzw. Hegemonien sind somit Verkörperungen sozialer Ungleichheit. Am Beispiel der Schweiz lässt sich z.B. der Toggenburgerkrieg von 1712 anführen. Dieser war u.a. ein Konflikt, der darüber entscheiden sollte, ob der Katholizismus oder die Reformation das gesellschaftliche Leitbild sein sollte. Mit dem Sieg der Reformierten entstand eine Neuordnung der politischen Verhältnisse, mit der die strukturelle Herrschaft des Protestantismus in großen Teilen der Ostschweiz gesichert wurde.

2.3.1 Strukturelle Herrschaftssicherung

Dieses Kapitel beschäftigt sich mit ökonomischen und institutionellen Herrschaftsbedingungen als Voraussetzungen, um soziale Ungleichheit zu etablieren. Die Entstehung von Herrschaftsbedingungen lassen sich wie folgt beschreiben:

Zweck der kapitalistischen Warenproduktion ist die Erschaffung von Wert als abstrakter Reichtum. Folglich kann eine kapitalistische Gesellschaft nur Bestand haben, „wenn eine ausreichende Rate und Masse des Mehrwerts bzw. Profits erzeugt wird" (Hirsch 1995: 49). Dieser Prozess steht historisch in Verbindung mit der sogenannten *ursprünglichen Akkumulation*. Grundsätzlich lassen sich zwei Mechanismen hierbei beschreiben, die zu einer ursprünglichen Kapitalanhäufung führen:

- Es bedarf Personen, die freie Eigentümer_innen ihrer Arbeitskraft sind und die auf dem Markt nicht als Leibeigene, sondern als juristisch gleiche Personen gegenüber den Käufer_innen von Arbeitskraft auftreten und für ihre geleistete Erwerbsarbeit einen Lohn erhalten (vgl. stände- und klassentheoretische Forschungsansätze). Lohnabhängige verkaufen immer nur temporär ihre Arbeitskraft, und es bedarf gesellschaftlicher Regulationen, um Arbeitskräfte als Personen rechtlich so frei zu halten, dass sie über ihre Ware Arbeitskraft verfügen können.

- Es bedarf Personen, die frei von Produktionsmitteln sind und frei von genügend Geld, um sich Produktionsmittel kaufen zu können. Das bedeutet, dass diese Personen einem ökonomischen Zwang unterliegen, ihre Arbeitskraft als Ware anzubieten (vgl. MEW 23: 742).

Aus diesem Zusammenhang lässt sich die Grundstruktur des kapitalistischen Wirtschaftens zusammenfassend beschreiben: Durch die kapitalistische Produktionsweise sind notwendigerweise gesellschaftliche Widersprüche vorhanden. Hierbei beruht der Widerspruch auf der Spaltung zwischen Produktionsmittelbesitzenden und Lohnabhängigen. Diese *(Klassen-)Widersprüche* wiederum sind ein grundlegender Bestandteil, ohne den das kapitalistische System nicht funktionieren könnte. Merkmal hierbei ist, dass diejenigen, die den gesellschaftlichen Reichtum erarbeiten, nicht die Verfügungsgewalt über die Produktionsmittel und das Produkt ihrer Arbeit haben. Die Verfügungsgewalt über gesellschaftlichen Reichtum, über Produktion und Verteilung, über Rechtsstatus und Zugang zu Ressourcen wird ganz allgemein über ein Gewaltmonopol etabliert (vgl. Hirsch 1974: 41; 1990: 33ff.; 2005: 111ff.; Kohlmorgen 2004: 22).

Der kapitalistische Profit entspringt aus der lebendigen menschlichen Arbeit und entsteht dadurch, dass Lohnabhängige den Wert einer Ware durch unbezahlte Mehrarbeit erzeugen. Um dies zu erreichen, müssen Lohnabhängige länger arbeiten, als ihnen dafür bezahlt wird (vgl. Aglietta 1979: 38f.; Lipietz 1985: 120; Hübner 1990: 105). Der Wert einer Ware wird „durch die in ihr enthaltene gesellschaftlich notwendige Arbeit" (MEW 20: 97f.) gemessen. Allerdings werden in einer kapitalistischen Gesellschaft Waren nicht durch konkrete menschliche Arbeiten bemessen oder in Verbindung gesetzt, sondern in und durch die Geldform. Das bedeutet letztlich, dass die Geldform das mehrwertproduzierende Element und die dadurch entstehenden gesellschaftlichen Beziehungen der Produzent_innen verschleiert. Und „im Geld als allgemeines Äquivalent tritt den Menschen die nicht unmittelbar herstellbare Gesellschaftlichkeit ihrer Arbeiten als ein äußerer, sie beherrschender Zwangszusammenhang entgegen" (Hirsch 2005: 22). In dieser Logik stehen auch nicht die Bedarfsbefriedigung und die konkrete Nützlichkeit der erschaffenen Gebrauchswerte von Waren (z.B. Co_2-neutrale Autos mit Elektromotor) im Vordergrund der kapitalistischen Produktionsweise, sondern die Verwertbarkeit der Waren, das heißt möglichst kostengünstige Produktionsfaktoren und maximale Mehrwertproduktion (Autos mit Verbrennungsmotor).

Ziel der kapitalistischen Produktionsweise ist es, immer größeren Mehrwert in einer immer kürzeren Zeit anzuhäufen, damit der Prozess der Herstellung, der Verkauf einer Ware und der dadurch erzielte Wert wieder zum Ausgangspunkt eines neuen Zyklus wird (vgl. MEW 23: 189). Dies wir auch als *Reproduktion des Kapitalverhältnisses* verstanden. Das bedeutet abschließend, dass der Prozess der Wiederholung des Produktionsprozesses, der sich als Reproduktion beschreiben lässt, nur Bestand haben kann, wenn die verschiedenen Ebenen der Produktionsweise durch ein sicheres Fortbestehen der Produktionsverhältnisse (soziale, juristische, politische Bedingungen) reproduziert werden (vgl. Althusser 1977: 108ff.; Balibar 1977: 327). Da der Kapitalismus nicht in der Lage ist, ohne Arbeitskräfte auszukommen, ist dieser auch auf Reproduktionstätigkeiten (Gebären, Pflegen, Care Working etc.) angewiesen, um Arbeitskräfte gesund zu halten oder um neue Generationen von Arbeitskräften hervorzubringen. Dieses Reproduktionsverhältnis wird dadurch zu einem zentralen Element der kapitalistischen Herrschaftsorganisation (vgl. Hirsch 1995: 49f.; Diettrich 1999: 91; Kohlmorgen 2004: 39).

In der kapitalistischen Herrschaftsorganisation gibt es mehrere mögliche Szenarien zur *Regulation bzw. Steuerung der (Klassen-)Widersprüche* (vgl. Hirsch 1974: 29–49; Hübner 1990: 246ff.; Conert 1998: 289). Der Begriff der Regulation lässt sich als Art und Weise der „einwirkenden institutionellen Beschränkungen“ (Hübner 1990: 115) auf die Kapitalakkumulation (Anhäufung von Kapital) definieren. Diese steuernde Einwirkung findet einschließlich über die staatliche Herrschaftsorganisation statt und damit über „das Hegemonialverhältnis im Sinne generalisierter Vorstellungen von Ordnung und Entwicklung der Gesellschaft“ (Hirsch 2001: 174). Diese Tätigkeiten können „nur in der Weise stattfinden, in der politische Gemeinschaftlichkeit in der kapitalistischen Gesellschaft möglich ist: mittels des Staates“ (Hirsch 2005: 28).

„Der Staat“ als Subjekt existiert nicht; er verfolgt keine eigenen Ziele, sondern er ist ein gesellschaftliches Verhältnis. Die politische Form bzw. die Staatsform bestimmt sich aus den jeweiligen Kräfteverhältnissen und Konfliktachsen der Gesellschaftsformation und drückt sich dementsprechend in institutionellen Konfigurationen bzw. Staatsapparaten aus (vgl. Agnoli 1975, 1995; Hirsch 2005: 28; Hirsch/Kannankulam 2006: 77; Poulantzas 1980: 228). Das soll nicht bedeuten, dass der Staat einfach aus der Kapitalbewegung ableitbar wäre, sondern diese Sichtweise besagt, dass das kapitalistische Wirtschaftssystem und seine Unternehmen für ihre Existenz ein System benötigen, das im Prinzip die Reproduktion von Arbeitskräften garantiert und einen Ausgleich der sozialen und strukturellen Widersprüche ermöglicht. „Staat“ und „Kapital“ sind folglich keine Widersprüche, sondern zwei zusammengehörende und in sich verwobene Struktureinheiten einer kapitalistischen Gesellschaftsformation.

Die in staatlichen Institutionen materialisierten gesellschaftlichen Machtverhältnisse bzw. das *Gewaltmonopol des Staates* besitzen gegenüber gesellschaftlichen Veränderungen eine relative Festigkeit. Das Gewaltmonopol – Judikative, Legislative, Exekutive – des Staates soll die Rechte der Gesamtheit bzw. seiner Staatsbürger_innen gegenüber willkürlicher Machtausübung sowie vor gewaltsamer Durchsetzung egoistischer Einzelinteressen schützen. Durch staatliche Maßnahmen und Instrumente – Gewaltmonopol, Überwachung durch Gesetze, Garantie auf Privateigentum, Bereitstellung von Infrastruktur, Reproduktion und Ausbildung von Arbeitskräften, Versicherungsleistungen – werden wiederum Strukturen der kapitalistischen Produktionsweise garantiert (vgl. Hirsch 2005: 49). Der Zusammenhang zwischen der kapitalistischen Produktionsweise und der institutionellen Herrschaftsorganisation besteht darin, dass ökonomische Strukturen auf dauerhafte institutionelle Formen angewiesen sind. Die Besonderheit des Staates gegenüber konkurrierenden bzw. sich bekämpfenden gesellschaftlichen Kräften liegt darin, dass der Staat zum Ort der Vermittlung sozialer Kompromisse und Gleichgewichte wird (vgl. Hirsch 2005: 30).

> „Der Staat ist eine Form der Regulation, damit die verschiedenen Fraktionen der Gesellschaft (die durch die sozialen Verhältnisse bestimmt sind: die sozialen Klassen, die Geschlechter, die Stände oder die Individuen) sich nicht in einem Kampf ohne Ende zerreiben" (Lipietz 1985: 112).

Die Regulation erfolgt dabei als Kombination von Zwang (Gesetze, Verordnungen) und Vertrag (institutionalisierter Kompromiss, gesellschaftliche Zustimmung), durch spezielle institutionelle Formen (Familie, Ehe, Haushalt) und gesellschaftliche Normen (Heteronormativität) (vgl. Hübner 1990: 175; Kohlmorgen 2004: 49ff.). Die vom Staat monopolisierte Gewalt bezieht zudem permanent Mechanismen des Konsenses ein, um die Materialität des gesellschaftlichen Körpers zu gestalten. Damit eine Herrschaftslogik erfolgreich sein kann, ist ein relativ „innerer sozialer Frieden" notwendig. Das Prinzip des „inneren sozialen Friedens" setzt ein geschlossenes, auf sich bezogenes Staatssystem voraus. Die institutionelle Herrschaftsorganisation drückt sich dabei in repressiven und ideologischen Staatsapparaten aus. *Die repressiven Staatsapparate,* die durch unmittelbare und mittelbare Gewalt funktionieren, umfassen Regierung, Verwaltung, Armee, Polizei, Gerichte, Gefängnisse usw., die wiederum auf der Grundlage ihrer Verfassung ausschließlich staatstragende Entwicklungen zulassen. „Die Rolle des repressiven Staatsapparates besteht vor allem darin, als repressiver Apparat mit (physischer oder nicht-physischer) Gewalt die politischen Bedingungen der Reproduktion der Produktionsverhältnisse zu sichern [...]" (Althusser 1977: 124). Repressive Herrschaftsverhältnisse sind über Gesetz und Recht sowie konkret über die Durchsetzung gesellschaftlicher Ordnung mittels Maßregelung und Strafe vermittelt. Diese repressiven Herrschaftsverhältnisse legitimieren damit den Klassenwiderspruch und halten somit die soziale Ungleichheit aufrecht.

Der Begriff des Staates lässt sich in diesem Zusammenhang allerdings nicht ausschließlich auf die Rolle der Disziplinar- und Kontrollmacht beschränken. Bei der Reproduktion der Produktionsverhältnisse fällt den repressiven Staatsapparaten die Aufgabe zu, nicht nur sich selbst zu reproduzieren, sondern auch die politischen Rahmenbedingungen der *ideologischen Staatsapparate* (vgl. Althusser 1977: 124) und der sozialen Formen (vgl. Hirsch 2005: 43) zu schaffen und damit Voraussetzungen für eine Einflussnahme auf gesellschaftliche Praxen zu gewährleisten. Um nicht repressive Regulationsapparate wie Gerichte, die Polizei, Gefängnisse oder das Militär für die Reproduktion sozialer Beziehungen einzusetzen – die Polizei kann schlecht die Sexualpraktiken der Staatsbürger_innen kontrollieren – sind ideologische Apparate wie Familie, Schule oder Kirche nötig, damit bestimmte Formen der Moral und der Beziehungen kultiviert werden (vgl. Althusser 1977: 122; Hirsch 2005: 42ff.). Ein wesentliches Mittel hierfür bildet die symbolische Herrschaftssicherung.

2.3.2 Symbolische Herrschaftssicherung

Im Folgenden wird nun die Herstellung einer symbolischen Herrschaftssicherung und die damit verbundenen Rechtfertigungen von sozialer Ungleichheit dargestellt. Als symbolisch gelten Bedeutungsträger (Bilder, Ideen, Ideologien, Theorien, Meinungen etc.) die eine Vorstellung vermitteln, mit der sich ein Individuum ein Gesamtbild der gesellschaftlichen Wirklichkeit machen kann.

Die symbolische Herrschaftssicherung zur Regulation der Produktionsbedingungen wird allgemein in den „ideologischen Staatsapparaten" (Althusser 1977), wie in religiösen, schulischen, juristischen, politischen, gewerkschaftlichen, medialen, kulturellen oder familiären Apparaten hergestellt. Diese Apparate bzw. „Institutionen leiten gesellschaftliches Handeln an und begrenzen es" (Hirsch 2005: 43). Die ideologischen Staatsapparate statten sozusagen ihre Staatsbürger_innen mit der jeweiligen herrschenden *Ideologie* – demokratisch, faschistisch, religiös, neoliberal, heteronormativ etc. – aus, welche die jeweiligen Apparate bzw. Institutionen als hegemoniale Praxisformen vorgeben. Ideologien sind dabei

> „praktische Normen, die die Haltung und die konkrete Stellungnahme der Menschen gegenüber den realen Gegenständen und den realen Problemen

ihrer gesellschaftlichen Existenz sowie ihrer Geschichte ‚bestimmen'" (Althusser 1985: 31).

Das heißt, Ideologien liefern komplexe Formationen von „Begriffen, Vorstellungen und Bildern innerhalb von Verhaltensweisen, Handlungen, Haltungen und Gesten" (ebd.: 31) und koppeln bestimmte Handlungen, Verhaltensweisen und Denkformen an eine gesellschaftliche Position. Ein Beispiel dafür ist die Heterosexualität. Die Vorstellung der Heterosexualität als das hegemoniale bzw. normale Beziehungsmodell organsiert Begehrensformen, strukturiert gesellschaftliche Institutionen (z.B. Ehe, Familie, Recht), ist in alltagskulturelle Praxen eingeschrieben (z.B. Familienfeste feiern, Formulare ausfüllen) und strukturiert ökonomische Verhältnisse (z.B. die geschlechtsbezogene Arbeitsteilung) (vgl. Hark 2010: 108). Das bedeutet: Um bestimmte Vorstellungen als gültig und wahr einzusetzen, bedarf es nicht ausschließlich repressiver Institutionen und Apparate, sondern auch ideologischer Institutionen, die bestimmte „Wahrheiten" bzw. gültiges Wissen verbürgen und reproduzieren. Ideologien sind somit gelebte gesellschaftliche Praxen und soziale Formen.

Wie jeweils gültiges Wissen zustande kommt, hat Foucault in „Die Ordnung des Diskurses" (2001) beschrieben. Der Begriff Diskurs lässt sich wie folgt beschreiben:

> „‚Diskurs' ist stets lediglich die sprachliche Seite einer ‚diskursiven Praxis'. Unter ‚diskursiver Praxis' wird dabei das gesamte Ensemble einer speziellen Wissensproduktion verstanden, bestehend aus Institutionen, Verfahren der Wissenssammlung und -verarbeitung, autoritativen Sprechern bzw. Autoren, Regelungen der Versprachlichung, Verschriftlichung, Medialisierung" (Link/Link-Heer 1990: 90).

Diskurse üben durch die Übermittlung von jeweils gültigem Wissen Macht aus, weil sie Wissen transportieren und dadurch kollektives und individuelles Bewusstsein ermöglichen. Sie sind gleichzeitig selbst ein Machtfaktor, indem sie Verhalten und andere Diskurse ins Leben rufen können. Demnach tragen sie zur Strukturierung von Machtverhältnissen in einer Gesellschaft bei. Foucault beschreibt drei zentrale *Regulierungsweisen von Diskursen*:

- Es existieren Prozeduren der Ausschließung von bestimmten Vorstellungen, welche durch Verbote installiert werden. Subjekte dürfen nicht alles in den Diskurs einbringen, was sie wollen, weil dieser durch Normen, Vorschriften und Gesetze bestimmt ist.

- Ein zweites Regulierungsinstrument stellt eine Grenze zwischen dem Vernünftigen und dem Unvernünftigen auf und beurteilt, ob Subjekte nützliche oder irrige Aussagen machen. Diese Regulierung konstruiert das Logische bzw. das Wahnsinnige und teilt Menschen in die mit „gesundem Menschenverstand" und „Spinner" auf.
- Das dritte Regulierungsinstrument von Diskursen ist die Konstruktion des Gegensatzes von Wahr und Falsch, der auf der Grundlage des je vorherrschenden politischen, philosophischen, religiösen oder wissenschaftlichen Wahrheitsgehalts erzwungen wird (vgl. Foucault 2001a: 10–22).

Ergebnis dieser Reglements sind hegemonial durchorganisierte und durchstrukturierte Vorstellungen, die durch Kontrolle, Selektion, Kanalisierung und Hierarchisierung von Wissen und Wahrheiten entstehen. Es etablieren sich gesellschaftliche Zwänge, „wahre" Diskurse zu produzieren und neue Diskurse an den vorherrschen Wahrheitsaussagen zu überprüfen (vgl. Lemke 1997: 51). Das bedeutet, dass die „wahren" Diskurse die Individuen an bestimmte Aussagetypen, z.B. über Gender, Nation, Class oder Race, binden und demnach alle anderen Denkformen diskreditieren und verbieten. Somit können Diskurse durch direkte Verbote und Einschränkungen, Anspielungen, aber auch durch Konventionen, Verinnerlichungen, Bewusstseinsregulierungen wie Moral und Religion oder durch Selbstregime eingeengt werden. Die daraus entstehende „wahre" Wissensproduktion normiert die Gesellschaften, und diese erhalten „so ihre eigene Ordnung der Wahrheit, die aus einer bestimmten Beziehung von Subjektivierungsweisen, Gesetzestexten, Normen, sinnvollen Optionen und Verhaltensweisen erwächst" (Opitz 2004: 50). Einfach formuliert: *Gesellschaftliche Vorstellungen werden durch Machtverhältnisse* hervorgebracht.

Ein klassisches Beispiel hierfür ist die Geschichte des Naturwissenschaftlers Galileo Galilei. 1615 veröffentlichte er seine Erkenntnisse zum heliozentrischen Weltmodell. Dieses erklärt, dass die Planeten um die Sonne kreisen und die Sonne Mittelpunkt unserer Galaxie sei. Dieses neue Weltbild widersprach den Ideen in der katholischen Kirche. Im Zuge der Veröffentlichung wurde Galilei untersagt, seine Lehre zu verbreiten. Seine Schrift wurde verboten. Galilei musste ins Gefängnis, weil er seine Erkenntnisse nicht widerrief.

Ein aktuelles Beispiel für Regulierungsweisen von Diskursen sind die Debatten über Mutter- und Vaterschaftsurlaub nach der Geburt eines Kindes. Erwerbstätige Mütter haben in der Schweiz nach der Geburt des Kindes laut Bundesgesetz Anspruch auf 14 Wochen Mutterschaftsurlaub bei 80% des Lohns. Vätern stehen lediglich 1–2 freie Tage zu. Diskurse sind hier, so könnte man zugespitzt sagen, insofern wirksam, als Mütter und Väter z.B. recht selbstverständlich mit den gesetzlichen Regelungen umgehen und diese nicht weiter infrage stellen; oder aber auch wirkungsvoll, indem Mütter, die direkt nach der Geburt wieder arbeiten gehen, und Väter, die längere Zeit nicht arbeiten gehen (wollen), sich normativen, moralischen, konventionellen usw. Aspekten gegenüberstellen.

Im Gegensatz zum Feudalismus, in welchem die Kirche der zentrale dominierende ideologische Staatsapparat und die Religion die grundlegende Ideologie zur Gesellschaftsreproduktion bildete, kommen in der kapitalistischen Gesellschaftsformation den schulischen und familiären Staatsapparaten die dominierenden Rollen zu (vgl. Althusser 1977: 125ff.). Da die *Reproduktion der Arbeitskraft* für die Reproduktion der Produktionsbedingungen wesentlich ist, ist nicht nur der Lohn ein wesentliches Mittel zur Reproduktion, sondern Betreuungs-, Fürsorge- und vor allem Qualifizierungstätigkeiten müssen ebenfalls gewährleistet werden. Die Qualifikation der Arbeitskraft erfolgt „mehr und mehr außerhalb der Produktion: durch das kapitalistische Schulsystem und durch andere Instanzen und Institutionen" (Althusser 1977: 111). Das heißt, in Kindergärten, Schulen, Universitäten, Sportvereinen oder Familien werden potentiellen Arbeitskräften Regeln beigebracht: „Regeln der Einhaltung der gesellschaftlich-technischen Arbeitsteilung und letztlich Regeln der durch die Klassenherrschaft etablierten Ordnung" (Althusser 1977: 112). Damit Arbeitskräfte ihre Aufgabe wahrnehmen können, müssen sie erst von den je verschiedenen Regeln durchdrungen sein, um ihre je eigene Arbeitsaufgabe umzusetzen. Im Prinzip erfolgt die Reproduktion der Qualifikation der Arbeitskraft „in und unter den Formen der ideologischen Unterwerfung" (Althusser 1977: 112).

Die grundlegende ideologische Formierung der Individuen findet demnach innerhalb der Familien, der Bildungsapparate – Kindergarten, Schulen, Universitäten – und durch *Erziehung bzw. Sozialisation* statt. Jedes Individuum, das einen dieser Apparate bzw. eines dieser „Einschließungsmilieus" (Deleuze 1993: 255) durchläuft, ist mit einer zweckmäßigen Ideologie ausgestattet, welche der Rolle als Lohnarbeiter_in, Mutter und Hausfrau, Vater und Ehemann, Demokrat_in etc. entspricht, sofern das Individuum diese Rolle für sich annimmt. Das Erlernen zweckmäßiger und scheinbar neutraler Fertigkeiten dient letztlich dazu, die Produktionsverhältnisse einer kapitalistischen Gesellschaftsformation zu reproduzieren. Die Mechanismen, die diese Fähigkeiten als „für das kapitalistische Regime lebensnotwendige Ergebnis produzieren" (Althusser 1977: 129), sind verdeckt und verborgen durch eine Ideologie, die die Bestrebungen der Bevölkerung deckungsgleich mit den Bestrebungen des hegemonialen Blocks erscheinen lassen.

Für die Sozialisation kapitalistischer Ungleichheitsverhältnisse ist die *heteronormative Ideologie* ein wesentlicher Bezugspunkt der ideologischen Herrschaftsformation. Heteronormativität bezeichnet im Prinzip das gesellschaftliche Ordnungssystem der Heterosexualität im Zusammenhang mit der sexuellen Orientierung von Personen. „Liebe“ oder sexuelles Begehren sind in dieser Ideologie ausschließlich gegenüber Angehörigen des „entgegengesetzten“ biologischen Geschlechts bzw. des sozialen Geschlechts zu empfinden. *Heteronormativität* kann hierbei als eine gesellschaftliche Norm verstanden werden, die institutionell und juristisch abgesichert ist. Sie ist außerdem an die Vorstellung gekoppelt, dass es nur zwei Geschlechter gibt und alle anderen Begehrensformen jenseits der Heterosexualität als Abweichung der Norm gelten und dementsprechend sanktioniert bzw. stigmatisiert werden (vgl. Warner 1991: 3ff.). Diese zweigeschlechtliche Ideologie bzw. diese Zwangsheterosexualität strukturiert nicht nur das Zusammenleben von Menschen durch bestimmte Familien- und Begehrensformen, sondern strukturiert auch Denkweisen in Form von binären Denkmodellen wie Mann/Frau. Besonders in heterosexuellen Familienformen mit der Struktur Vater-Mutter-Kind(er) bildet sich die heteronormative Ideologie ab. Die Kinder erlernen so in der Familie die gesellschaftlichen Normen und Werte.

Die „Harmonie“ zwischen den repressiven und ideologischen Herrschaftsorganisationen wird ebenfalls über Ideologien hergestellt, und kein hegemonialer Block kann dauerhaft gesellschaftliche Widersprüche regulieren, ohne gleichzeitig die Hegemonie über die symbolischen Formen auszuüben. Die Mechanismen der bisher beschriebenen Herrschaftssicherungen sind zusammenfassend als *Kombination von Gewalt und Zustimmung* zu verstehen. Ziel und Zweck der Herrschaftssicherung ist die Herstellung eines relativ stabilen inneren Friedens. Allerdings reicht es nicht aus Ideologien und Normen zu formulieren, sondern diese müssen auch von den Individuen übernommen und verinnerlicht werden.

2.3.2 Subjektive Herrschaftssicherung

Der folgende Abschnitt beschäftigt sich mit der Verinnerlichung von Normen und Werten sowie mit entsprechenden gesellschaftlichen Verhältnissen. Deshalb stellt sich auch die Frage, wie die Prozesse der Verinnerlichung stattfinden.

Für eine Klärung dieser Frage bietet der Körper einen zentralen Ort an, um die Übernahme von gesellschaftlichen Ungleichheitsprozessen auszumachen. Bourdieu nennt diese Prozesse „Somatisierung der Herrschaftsverhältnisse“ (Bourdieu 1997: 166) und Judith Butler „leibliche Einschreibung“ (Butler 2003: 190) . Beide Ansätze sehen in der sinnlichen Wahrnehmung von Mitmenschen ein wesentliches Herrschaftsinstrument, weil hegemoniale Leitbilder oder Ideologien eine bestimmte Wahrnehmung in Bezug auf den menschlichen Körper erzeugen können. Das Erklärungsmodell der Einschreibung von Herrschaftsverhältnissen in den Körper erklärt nicht nur sinnliche Wahrnehmungen von Anderen, sondern verdeutlicht auch, warum Normen und Werte so „tief" in einem selbst sitzen.

Allgemein gibt der Körper dem Individuum die Möglichkeit, seinem *Geschlecht,* seiner *Herkunft,* seiner *Konstitution* oder seinem *Alter* eine Bedeutung zu verleihen. Demnach lässt sich der menschliche Körper als ein gesellschaftliches und kulturelles, aber auch als individuelles Projekt verstehen. Es vollziehen sich nicht nur biologische Funktionen im Körper, sondern der Körper bewahrt auch seine Geschichte auf. Er behält das Erlebte und dient als Informationsträger von sozialen Strukturen: Damit z. B. bestimmtes „normales" Verhalten nicht ständig bewusst vollzogen werden muss, ermöglicht der Körper einen automatischen Ablauf von erwünschten Verhaltensweisen. Dies wird etwa bei Spielen oder Ritualen – Begrüßungen, Bewegungen, Haltungen etc. – deutlich: Die praktische Beherrschung von Verhaltensweisen ist unmittelbar durch den Körper vermittelt. Mit anderen Worten: Der Körper verinnerlicht soziale Normen oder Strukturen und speichert diese ab. Denn was „der Leib gelernt hat, das besitzt man nicht wie ein wiederbetrachtbares Wissen, sondern das ist man" (Bourdieu 1987: 135). Oder: „Dem Leib prägen sich die Ereignisse ein" (Foucault, zitiert nach Butler 2003: 191).

Ein *geschlechtsspezifisches Körperbewusstsein* wird nicht nur durch bestimmte Sportarten wie Gymnastik, militärische Übungen, Bodybuilding etc. hergestellt, sondern auch durch unterschiedliche Kleidungen, Frisuren, Bewegungsabläufe, Kosmetika, soziale Verhaltensformen für Männer und Frauen etc. Durch die sozialen Normen von Männlichkeit und Weiblichkeit wird ein hegemonialer Zwang in fast allen gesellschaftlichen Feldern hergestellt, das eigene Geschlecht durch spezielle Ausformung und Sichtbarmachung permanent zu inszenieren und zu modellieren (vgl. Kreisky 2003; Villa 2003: 72). Das bedeutet, dass sich durch die Verbindung von Tätigkeiten und geschlechtsspezifischen Normierungen diese sich bis in die Gesten, Haltungen, Körperwahrnehmungen, Deutungen, Verhaltensweisen etc. zurückverfolgen lassen bzw. einschreiben und sich durch Wiederholungen dieser Normen eine bestimmte (binäre) Form von Geschlechtlichkeit und auch von Sexualität herausstellt. Die dem Körper andisziplinierte Zweigeschlechtlichkeit wird somit zu einem normativem Ideal der *psychischen Identität* (vgl. Butler 2001: 82). Festzuhalten bleibt, dass für die Verinnerlichung von sozialen Normen und Werten Mechanismen nötig sind, die sich im Kontext der jeweiligen Gesellschaftsformation zusammensetzen. In der Regel funktioniert die Einverleibung oder „Einverseelung" (Nietzsche

1999: 210) der Struktur der vorherrschenden Gesellschaftsformation, ihrer kulturellen und historischen Bedingungen und Machtverhältnisse sowie ihrer hegemonialen Leitbilder nicht mehr ausschließlich über Gewalt oder offensichtlichen Zwang, sondern sie wird auch durch subtile Formen vollzogen (vgl. Jäger 2004: 184).

Eine fundierte Erklärung, wie sich Herrschaftsverhältnisse im Körper durch subtile Formen einschreiben bzw. wie sie einverleibt werden, ist durch die Zuhilfenahme des *Habituskonzepts* von Pierre Bourdieu möglich (vgl. Bourdieu 1997: 166). Laut Butler lässt sich das Habituskonzept auch als Reformulierung von Althussers Ideologiebegriff lesen. Durch dieses Konzept können die verkörperten Alltagsrituale analysiert werden, mit der die „Kultur ihre eigene ‚Selbstverständlichkeit' erzeugt und aufrechterhält" (Butler 2001: 194). Um diese Prozesse analytisch zu fassen, entwickelte Bourdieu die Begriffe Habitus und Hexis. Der Habitus wird als ein System verinnerlichter *Denk-, Handlungs- und Wahrnehmungsschemata* beschrieben, die u.a. durch Sozialisationsprozesse erlernt werden (Bourdieu 1970: 150).

- Die Wahrnehmungsschemata ermöglichen die Strukturierung der sozialen Welt.
- Die Denkschemata ermöglichen die Interpretation der sozialen Welt und ordnen durch Normen und Werte die Beurteilung gesellschaftlicher Handlungen.
- Die Handlungsschemata bringen Individuen als Akteur_innen hervor.

Allerdings sind diese Schemata nur analytisch trennbar und vollziehen sich auf verschiedenen Ebenen (vgl. Schwingel 1995: 60). Der Habitus beschreibt aber nicht ausschließlich bewusste Verhaltensweisen von Angehörigen bestimmter Gruppen oder Klassen, die einem ähnlichen Wahrnehmungs-, Interpretations- und Handlungsmuster entsprechen, sondern der Begriff Habitus lässt sich als „generative Grammatik der Handlungsmuster" (Bourdieu 1970: 150) definieren. Er organisiert die Wahrnehmung, Muster, Ordnungen, die dem Handeln von Individuen vorausgehen. Ähnlich wie beim Sprechen, bei dem die Sprechenden grammatischen Regeln folgen – ohne dass die Regeln allgegenwärtig beim Sprechakt bewusst sind –, generiert der Habitus unbewusst Regeln und Normen, nach denen die jeweiligen Personen handeln (vgl. Hülst 1999: 273f.). Der Habitus einer Person ist so nicht nur gesellschaftlich bedingt, sondern auch eine soziale Praxis. Die soziale Praxis enthält unbewusste Vorstellungen, die über die bewussten Absichten des Individuums hinausgehen (vgl. Bourdieu 1987: 106; Hirsch 2005: 40). Deshalb existiert einerseits eine Vielzahl von Beurteilungen, subjektiver Wahrnehmungen etc. Andererseits sind diese Beurteilungen nicht unabhängig von Einteilungskriterien, Unterscheidungsprinzipien oder Normen der jeweiligen Hegemonie. Die Hexis hingegen kann als eine Art körperlicher Speicher der Struktur des Habitus verstanden werden. Dieses Konzept beschreibt aber keine vorsoziale Identität, es entsteht hingegen als Verbindung von sozialen Strukturen und Praxen. Regeln verkörpern sich im Tun und reproduzieren sich in verkörperten Handlungsritualen (vgl. Butler 2001: 112). Die Übernahme heteronormativer Normen und deren Reproduktion ist demnach nicht mechanisch, sondern „verweist darauf, dass sie durchgeführt, performiert wird und dass in der Durchführung dieser Wiederholung eine Überzeugung entsteht, die in der Folge dann in die Durchführung integriert wird" (Butler 2001: 113).

Wenn Menschen demnach z.B. von Männern oder Frauen sprechen oder von Flüchtlingen, dann existiert bereits eine normativ kodierte Vorstellung davon, was ein Mann oder eine Frau oder ein Flüchtling ist, d.h. bestimmte sprachliche Formulierungen festigen, regulieren oder reproduzieren bestimmte Vorstellungen. Das meint aber nicht, dass der Körper vollständig durch Vorstellungen bzw. durch Ideologien produziert wird, sondern lediglich, dass keine von einer symbolischen Ordnung losgelöste *körperliche Materialität* existiert. Körperlichkeit ist somit keine willkürliche und beliebige Inszenierung.

Mittels der Theorie der Anrufung (vgl. Althusser 1977: 140ff.), welche durch Butler weiterbearbeitet wurde, lässt sich dies weiter verdeutlichen. Anrufungen charakterisieren spezifische Weisen des Anredens, z.B. durch die Verleihung eines Namens oder einer sozialen Bezeichnung (Mann/Frau, Inländer_in/Ausländer_in), die wiederum auf Identitäten bezogen sind. *Anrufungen* oder Anfragen können auch wörtlich verstanden werden: Durch Anrufungen wie „Du bist Deutschland!", „Wir sind Schweiz" oder Anfragen wie „Bist Du schwul, oder was?" werden Individuen aufgefordert, die jeweilige Bedeutung und Bezeichnung zu hinterfragen, anzunehmen oder abzulehnen bzw. sich mit diesen zu identifizieren. Anrufungen ermöglichen durch je historisch-konkrete Ideologien mit ihren je eigenen konkreten Bedeutungen die Hervorbringung von individuellen und/oder kollektiven Identitäten. Das heißt, leere Subjektformen werden durch „Ideologien mit ihren je eigenen konkreten Inhaltsformen" (Müller/Reinfeld/Schwarz/Tuckfeld 1994: 52) angefüllt. Die Sprache bzw. das Wissen über sich wird vorgefunden, und somit erhält die Identität „eine symbolische Dimension: Sie muss von den Beherrschten eine Form von Zustimmung erhalten, die nicht auf der freiwilligen Entscheidung eines aufgeklärten Bewusstseins beruht" (Bourdieu 1992: 165), sondern auf der direkten und vorreflexiven Einordnung. Die symbolische Ordnung hält hierfür ein Ensemble von als „Wahrnehmungskategorien fungierenden Gegensatzpaaren" (Bourdieu 1997: 165) wie breit/schmal, groß/klein, schwarz/weiß, männlich/weiblich etc. bereit.

Durch diese Ausschlussmechanismen, z.B. entweder männlich oder weiblich etc. zu sein, entstehen und verfestigen sich identitäre Gruppierungen. Aber erst durch *Normen,* die die Körper und Identitäten klassifizieren, ist es möglich, geschlechtsspezifische Einteilungen als solche zu verstehen. Diese Norm regiert sozusagen die Hervorbringung der Geschlechter, weil selbst das, was außerhalb der Norm liegt, nur in Relation zur Norm gedacht werden kann. Mit Butler ausgedrückt: „Nicht ganz männlich, nicht ganz weiblich zu sein, heißt immer noch, ausschließlich im Verhältnis zur eigenen Beziehung zum ‚ziemlich Männlichen' und ‚ziemlich Weiblichen' verstanden zu werden" (2004: 46). Die sichtbaren Unterschiede zwischen männlichen und weiblichen Körpern werden so zu unanfechtbaren fixen Ideen, weil die Wahrnehmung der vergeschlechtlichten Körper aus einer heteronormativen Symbolordnung heraus interpretiert wird. Dabei ist nicht der Phallus – oder sein Fehlen – das Fundament dieser Weltsicht, sondern die Vorstellung, welche die Einteilung in männlich und weiblich organisiert (vgl. Butler 2003: 37ff.; Bourdieu 2005: 44). Hierbei besteht immer ein Risiko der Missachtung einer Bezeichnung. „Missachtet man diesen Versuch zur Hervorbringung eines Subjekts, dann gelingt diese Hervorbringung nicht" (Butler 2001: 92f.).

Dies kann auch wörtlich verstanden werden, wenn eine Person gegen einen Namen oder eine Bezeichnung protestiert, mit der sie benannt/charakterisiert wurde (vgl. Butler 1998: 54). Dieser *Protest* wiederum kann nur funktionieren, wenn die Person sich selbst anspricht und reflektiert, sich selbst als ein Ich herbeiruft, denn „erst durch Rückwendung gegen sich selbst erlangt das Ich überhaupt den Status eines Wahrnehmungsobjekts" (Butler 2001: 158). Demnach bringt die Anrufung ein Individuum als eine machtvolle Konstruktion im doppelten Sinne hervor: Einerseits wird eine Person durch Sprechakte geformt und unterworfen, und andererseits wird sie dadurch mit einer *Handlungsmacht* ausgestattet (vgl. Butler 1998: 198). Die Prozesse der Anrufung bringen somit auch handelnde Subjekte hervor, die innerhalb von Herrschaftsverhältnissen „den starren Codes der hierarchischen Binaritäten widersprechen" (Butler 2003: 213), ja sogar Anrufungen aufbrechen, verschieben und dezentralisieren können, indem sie neue Begrifflichkeiten, Bedeutungen und Identitäten fordern, die in keiner Opposition mehr zueinanderstehen. Dadurch entsteht eine „Möglichkeitsbedingung für eine radikal bedingte Form der Handlungsfähigkeit" (Butler 2001: 19). In letzter Konsequenz sind dies Kämpfe, „die den Status des Individuums infragestellen" (Foucault 1994: 246), indem sie all das bekämpfen, was „das Individuum auf sich selbst zurückwirft und zwanghaft an seine

Identität fesselt" (Foucault 1994: 246). Das Individuum erfährt seine Bestimmung durch hegemoniale Anrufungen, und es erhält dadurch seinen Platz in der Gesellschaft. Gleichzeitig ist seine Subjektivität umkämpft, „weil die Subjekte zur Reproduktion von Herrschaftsverhältnissen dienen und weil Subjekte zugleich auch die Potentialität einer unbotmäßigen Widerspenstigkeit bergen" (Naumann 2000: 7).

Zusammenfassend: Die *Verinnerlichung von Herrschaftsstrukturen* ist identitätsstiftend. Der Körper spiegelt sich in einem erworbenen System von gesellschaftlichen Ideologien wider. Es ist durch diese inkorporierte Politik z.B. schwer möglich, „einen Körper nicht entweder als weiblichen oder männlichen zu sehen" (Gisler/Emmenegger 1998: 149). Frauen und Männer erhalten in dieser Folge ein objektiviertes Verhältnis zu ihrem Körper. Sie verkörperlichen die gesellschaftlichen Umgangsformen von und mit Männern oder Frauen und werden letztlich „selber Subjekte von sich als Objekt" (Gisler/Emmenegger 1998: 150). Daraus resultiert auch die Herstellung einer Gesamthaltung des Körpers mit den je spezifischen Gesten, bis schließlich der Körper mit einer Identität verzahnt ist. Dadurch, „dass es im Kern der Machtverhältnisse und als deren ständige Existenzbedingung das Aufbegehren und die widerspenstigen Freiheiten gibt" (Foucault 1994: 259), lässt sich behaupten, dass zumindest theoretisch keine Herrschaftsverhältnisse ohne Widerstand existieren können. Zwar führen Widerstandsstrategien nicht zwangsläufig zur Freiheit von Herrschaftszuständen, aber sie können ein Feld für Machtverhältnisse eröffnen (vgl. Foucault 1985: 11; Mümken 1998). Widerstandsstrategien führen letztlich zu Formen der Auseinandersetzung, die sich konsequenterweise nicht darum drehen, „das Individuum vom Staat und dessen Institutionen zu befreien, sondern uns sowohl vom Staat als auch vom Typ der Individualisierung, der mit ihm verbunden ist, zu befreien" (Foucault 1994: 250).

Identitätsstiftend sind allerdings nicht nur diese Eingriffe am individuellen Körper. In der Auseinandersetzung mit der Frage, wie Macht und Herrschaft wirksam werden, sind neben dem leiblichen Körper auch der *gesellschaftliche Körper* bzw. der Staatskörper und die Bevölkerung ein weiterer Bezugspunkt. Durch Kontrollen, Prüfungen, Blicke, Regulierungen und Normalisierungen der Körperbewegungen und Gesten werden im Körper Machtverhältnisse internalisiert. Wie beschrieben, führt das dazu, dass die Individuen diese gegen sich selbst einsetzen (vgl. Foucault 1977: 260). Herrschaftssicherungen in Bezug auf die Gesamtheit hat die Spezies Mensch und ihre „Fortpflanzung, die Geburten- und Sterblichkeitsrate, das Gesundheitsniveau, die Lebensdauer, die Langlebigkeit mit allen ihren Variationsbedingungen" (Foucault 1983: 166) im Visier. Foucault spricht bezüglich dieser Prozesse von der „Biopolitik der Bevölkerung" (Foucault

1983: 166). Die Biopolitik ist eine Technologie, die nicht die individuelle Dressur zum Gegenstand hat, sondern einen stabilen gesundheitlichen Zustand des „Volkskörpers" herstellen will. Ziel der Biopolitik ist es, „das Leben zu verwalten, zu sichern, zu entwickeln und zu bewirtschaften" (Lemke 1997: 135).

Am Beispiel der Verbindung von Körper, Sexualität und Rassismus lässt sich dieser Zusammenhang verdeutlichen. Neben Medizin und Hygiene ist Sexualität Anfang des 19. Jahrhunderts zu einem Feld strategischer Bedeutung zur Sicherung von Herrschaftsverhältnissen geworden. Durch die medizinische Aufwertung der Sexualität ist diese auch zum Gegenstand des Diskurses über öffentliche Hygiene und der „Furcht vor rassischer Degeneration im 19. Jahrhundert" (Opitz 2004: 37) avanciert. Vor allem durch einen negativen Diskurs, der Sexualität als zu freizügig brandmarkt, wird die Angst vor „Entartung" des Individuums, der Familie oder der „Rasse" geschürt. Als Wegbereiter, als Aufstachler der Angst vor der Gefahr der „Entartung" und als Vordenkerin der nicht nur in der NS-Zeit praktizierten Zwangssterilisationen und Massenmorde an als „lebensunwert" definierten Menschen kann die am Ende des 19. Jahrhunderts entstandene gesellschaftswissenschaftliche Ideologie angesehen werden, die sich unter dem Namen Sozialdarwinismus formiert. Sozialdarwinist_innen behaupten – in Anlehnung an Charles Darwins Theorie der Evolution der Arten –, dass die Entwicklung von Individuen und Gesellschaften durch natürliche Selektion verlaufen würde und dass sich die Erbanlagen einer Art kontinuierlich verschlechtern würden, wenn die natürliche Selektion verhindert werde. Diese Theorie besagt im Wesentlichen, dass die Individuen einer Population alle verschieden voneinander sind. Von diesen Individuen sind bestimmte an die herrschenden Umweltbedingungen besser angepasst als andere und haben damit größere Überlebens- und Fortpflanzungswahrscheinlichkeiten. Die genetische Beschaffenheit dieser besser angepassten Individuen wird durch Vererbung an folgende Generationen weitergegeben. Die eugenische Bewegung, welche von Francis Galton (1822–1911) initiiert wurde und eine lange geschichtliche Tradition aufweist (vgl. Becker 1996: 11), führt ein Graduierungssystem zur Messung der genetischen Qualität von Menschen ein. In einem „naturwissenschaftlichen" Kontext gesehen, ist Eugenik die historische Bezeichnung für die Anwendung der Humangenetik auf Bevölkerungen, die die Fortpflanzung „gesunder" Menschen begünstigt und die Fortpflanzung „kranker" Menschen verhindert. Durch diesen Vorgang sollen die Erbanlagen der Gesamtbevölkerung langfristig verbessert werden. Ziel der Eugeniker_innen ist „die Inventarisierung aller ‚rassischen' Merkmale von Menschen und die Förderung der Fortpflanzung von höheren und die Reduktion der Fortpflanzung von niederen „Rassen" (Mies 1992: 60).

Der präfaschistische „Rassentheoretiker" Wilhelm Schallmayer postuliert 1918 in seinem Buch „Vererbung und Auslese" in diesem Zusammenhang:

> „Und in dem die Selektionstheorie zeigt, dass das letzte Ziel jeder staatlichen Politik kein anderes sein darf als das, das staatlich organisierte Volk zum Bestehen des Daseinskampfes für die Gegenwart und Zukunft zu kräftigen, um dem Volkskörper dauerndes Leben zu sichern, liefert sie uns auch einen Maßstab zur Wertung aller bestehenden und erstrebenden gesellschaftlichen Zustände und Einrichtungen" (Schallmayer zitiert nach Becker 1996: 7).

Mithilfe von Zwangssterilisationen und Züchtungen sollen die „rassenhygienischen" Maßnahmen umgesetzt werden (vgl. Klee 1993; Bock 1996). Aber erst im Nationalsozialismus können die Eugeniker_innen durch staatlich organisierte Programme „sich erstmals über die Beschränkungen der Pathologie hinwegsetzen und lebendige Körper bearbeiten und zerstückeln" (Strobel 1989: 33). Die Idee hinter diesen *bevölkerungspolitischen Maßnahmen* sei dadurch begründet, dass das Erbgut die soziale Stellung bestimmen würde, dass der Wert des Menschen sich angeblich nach seinen Erbanlagen bestimmen ließe und dass es durch „Rassenmischungen" zu einer Degeneration des „Volkes" komme, welche die *„Volkswirtschaft"* beeinträchtige. Die Form der Selektion von Körpern durch einen staatlich organisierten Prozess und durch die industrielle Ermordung von Menschen in Arbeits- und Konzentrationslagern erreicht im Nationalsozialismus bisher die ökonomischste Form (vgl. Postone 1988: 246ff.). Allerdings wurden auch bis ins Jahr 1985 in schweizerischen psychiatrischen Kliniken Tausende von angeblich „erblich Minderwertigen" zwangssterilisiert und zwangskastriert. In diesem Zusammenhang lässt sich das 1926 gegründete Programm der Pro Juventute für die „Kinder der Landstraße" verorten, das versuchte, die fahrende Lebensweise der Jenischen zu zerstören. Ziel des Programms war es, die Kinder aus den als „asozial" beurteilten Lebensverhältnissen der Eltern herauszunehmen und sie an die sesshafte Lebensweise anzupassen. Hier kann die Schlussfolgerung gezogen werden, dass die Biopolitik die totale Kontrolle der Individuen aus „rassenanthropologischen" Gründen für die Formierung eines produktiven *„Volks- und Produktionskörpers"* zum Gegenstand hat. Funktion dieser Politik ist es, die Sicherheit der bevölkerungspolitischen Prozesse und somit der Reproduktion der Machtverhältnisse zu gewährleisten.

Trotz der geschilderten Unterschiede zwischen Verinnerlichung von Herrschaftsverhältnissen und der symbolischen wie strukturellen Herrschaftssicherung stehen sich diese Ebenen nicht gegenüber, sondern ergänzen sich. Gemeinsam ist den Ebenen die Verschränkung von Class, Sexualität, Nation und Race. In diesem Kontext lassen sich auch die intersektionalen Wechselwirkungen der gesellschaftlichen Kategorien und Dimensionen verstehen.

Zusammenfassung: *Soziale Ungleichheit* entsteht und wird hingenommen, weil Herrschaftssicherungen u.a. nicht als solche erfahren werden, weil sie sich durch einen fein abgestimmten Zwang vollziehen, weil sie die vorherrschenden Verhältnisse als natürlich konstruieren, weil durch Verinnerlichungen diese nicht ständig bewusst wahrgenommen werden und weil der Versuch, sich innerhalb der Gesellschaftsverhältnisse einzurichten, mit einer Identität, mit wertvollen Gütern, einer Besserstellung und einem Platz in der Gesellschaft belohnt wird. Dadurch entsteht ein Selbstzweck, ein hegemonialer Zustand von geteilten Normen, Werten und Bedürfnissen, der *Herrschaft ohne Herrschaft* auskommen lässt.

Mit diesen Sichtweisen soll es möglich sein, innerhalb jeder Gesellschaftsformation eine Vielschichtigkeit von Herrschaftsverhältnissen und sozialen Ungleichheiten zu entdecken, welche untereinander korrespondieren und sich miteinander verbinden. Diese relative Autonomie und gegenseitige Verbindung des sozialen Ganzen ist ein Hauptaspekt der intersektionalen Analyse, um das Wechselspiel sozialer Beziehungen zu verdeutlichen. Das intersektionale Handwerk besteht vor allem darin, durch sein methodologisches Modell Wechselwirkungen, verschiedene Formen und Verschiebungen von sozialen Ungleichheiten konzeptuell einzufangen sowie Widersprüche empirisch zu rekonstruieren (vgl. Winker/ Degele 2009: 79). Bevor wir auf das methodologische Modell weiter eingehen, möchten wir vorab das hier bisher Gesagte in Kategorien und Ebenen sozialer Ungleichheit ordnen und zusammenfassen.

2.3.4 Zusammenfassung: Soziale Ungleichheit als Herrschaftsdispositiv

Mit einem auf diese Grundlagen gestellten Verständnis von Macht- und Herrschaftsverhältnissen lässt sich *soziale Ungleichheit als ein Herrschaftsdispositiv* auffassen. Ein Dispositiv kann als eine Aufstellung, Aufteilung, Verwaltung oder Überwachung von Prozessen verstanden werden. Nach Foucault stellt das Dispositiv ein Netz dar, welches zwischen Diskursen, Institutionen, Gesetzen, wissenschaftlichen Aussagen bzw. gesellschaftlichen Elementen geknüpft ist. Das Dispositiv besitzt hierbei eine strategische Funktion. Diese unterstellt, dass es sich bei dem Dispositiv um eine bestimmte Regulierung zur Kontrolle von Kräfteverhältnissen handelt, um diese in eine bestimmte Richtung zu entwickeln, zu blockieren oder zu stabilisieren (vgl. Foucault 1978a: 119f.). Die Bedeutung des Dispositivs lässt sich in diesem Zusammenhang in der Anordnung (Hierarchisierung, Ein- und Ausschluss von Elementen) und in der Beschaffenheit (Mechanismen, Funktionsweise der Elemente) sowie in der Ausführung (Effekte, Maßnahmen der Elemente) verstehen (vgl. Agamben 2008: 16f.). Das heißt, ein Dispositiv beschreibt die Gesamtheit von sozialen Praxen, Maßnahmen und Anordnungen, deren Ziel es ist, das Verhalten von Individuen so zu regulieren, dass die Verhaltensweisen in einem relationalen Verhältnis zum Regulierten stehen. Auf soziale Ungleichheit bezogen, bedeutet dies, dass sie durch ökonomische, politische, ideologische und sozialen Formationen herrscht und sich über diese Formationen reproduziert. Soziale Ungleichheit ist im Besonderen ein auf Personen bezogener Modus zur Regulation der kapitalistischen Gesellschaften. Im Einzelnen handelt es sich um ein komplexes Geflecht von Herrschaftsverhältnissen, in denen verschiedene Ungleichheitspolitiken und -ideologien ineinandergreifen und in den Kreuzungen identitäre Verortungen stattfinden.

2.4 Ebenen sozialer Ungleichheit

In der bisherigen Darstellung der sozialen Ungleichheit sind aus verschiedenen Disziplinen und unterschiedlichen Konzepten verschiedene Teilaspekte herausgearbeitet worden. Das Problem, das sich bei dieser Darstellung ergibt, ist das Problem der Äquivokation: Der Begriff soziale Ungleichheit kann zwar eine Sprachwurzel besitzen, aber gleichzeitig unterschiedliche Bedeutungen, Verwendungen bzw. Konzeptionen aufweist. Um einer unklaren oder doppeldeutigen Verwendung dieses Begriffs zu entgehen, ist es sinnvoll, den Begriff zu operationalisieren. Im Folgenden soll daher die soziale Ungleichheit aus intersektionaler Perspektive beschrieben werden. Zentral hierbei ist nicht die Darstellung der aktuellen sozialen Ungleichheit im deutschsprachigen Raum, sondern die *Konzeption der sozialen Ungleichheit* mithilfe des Intersektionalitätsansatzes. Der Intersektionalitätsansatz basiert auf der Ansicht, dass soziale Ungleichheit unterschiedliche Bezugspunkte hat, welche sich in gesellschaftlichen Ebenen und Ungleichheitskategorien unterteilen lassen.

Mit der bisherigen Ansicht, dass gesellschaftliche Strukturen, Institutionen, Ideologien und die Handlungen von Menschen in einem Wechselverhältnis zueinander stehen, lässt sich argumentieren, dass die Entwicklung und die Geschichte von Gesellschaften auf verschiedene gesellschaftliche Praxisformen – *strukturelle, symbolische oder subjektive Ebenen* – zurückzuführen ist.

Wie im vorherigen Kapitel am Beispiel der Theorien zu race dargestellt, ist die soziale Ungleichheit nicht ausschließlich auf eine Ursache zurückzuführen (vgl. Winker/Degele 2009: 77ff.; Althusser/Balibar 1972: 127). Es existieren keine alleinherrschenden Ursachen, die das soziale Ganze bestimmen können. Anders gesagt: Die Gesellschaft ist von unterschiedlichen und vielfältigen Widersprüchen durchzogen. Aufgrund widersprüchlicher Praxen kann jede Ebene in einer Gesellschaftsformation in einer bestimmten Zusammensetzung eine dominierende bzw. hegemoniale Rolle einnehmen. Althusser analysiert diesen Kampf um Hegemonie in kapitalistischen Gesellschaften dahingehend, dass er die ökonomische Struktur als dominant sieht (vgl. Althusser 1968: 81). Die Bestimmung der Gesellschaft in letzter Instanz durch das Ökonomische sei irreführend, weil sich „die ökonomische Dialektik nie im reinen Zustand“ (ebd.: 81) herstelle und nur in Vermittlung durch die symbolischen und subjektiven Ebenen. Auch Winker und Degele gehen von einem kapitalistischen System aus, bei dem „die kapitalistische Akkumulationslogik nach wie vor und weltweit sogar mehr denn je gilt“ (Winker/Degele 2009: 37). Sie gehen aber auch davon aus, dass „herrschaftliche Strukturen nicht statisch bleiben, sondern dynamischen Verschiebungen und einem Bedeutungswandel unterliegen“ (ebd.). Diese theoretische Sichtweise auf die Gesellschaft bietet vielfältige Vorteile:

- Mit den intersektionalen Sichtweisen ist es möglich, innerhalb jeder Gesellschaftsformation eine Vielschichtigkeit von Herrschaftsverhältnissen zu entdecken.
- Es ist möglich, die unterschiedlichen Formen der sozialen Ungleichheit in ihren Wechselwirkungen zu betrachten, um das Wechselspiel sozialer Beziehungen zu verdeutlichen.
- Und es ist möglich, die Ein- und Auswirkungen von sozialer Ungleichheit konzeptuell und begrifflich einzufangen und gesellschaftliche Widersprüche empirisch zu rekonstruieren und zu erklären (vgl. ebd.: 79).

Bevor auf die Analyse dieser Wechselwirkungen eingegangen wird, möchten wir auf die verschiedenen Ebenen der Gesellschaft näher eingehen. Wie bisher aufgezeigt, handelt es sich bei der sozialen Ungleichheit um ein Herrschaftsdispositiv, in dem verschiedene Unterdrückungskategorien, Ungleichheitspolitiken und -ideologien aufeinandertreffen, ineinandergreifen und in dessen Kreuzungen identitäre Prozesse stattfinden, welche wiederum die Wirkmächtigkeit der sozialen Ungleichheit (re)produzieren. Als Konsequenz dieser hier kurz skizzierten Bezugspunkte möchten wir vorerst *das Intersektionalitätskonzept in seiner Komplexität reduzieren* und die strukturellen (im Folgenden als strukturelle Ebene bezeichnet), ideologischen (im Folgenden als symbolische Ebene bezeichnet) und sozialen (im Folgenden als subjektive Ebene bezeichnet) Herrschaftsformationen einzeln aufgreifen und verdeutlichen.

Der Ansatz der Intersektionalität nach Winker und Degele (2009) kann als Rahmen genutzt werden, um die soziale Ungleichheit in einer kapitalistisch organisierten Gesellschaft auf den Ebenen der *Struktur* (Ökonomie, Staat, Politik), der *Symbole* (Vorstellungen, Denkweisen, Ideologien) und *Subjekte* (Handlungen, Selbstverhältnisse) zu ordnen (vgl. auch Kapitel 4). Auf die soziale Ungleichheit angewendet, ergeben sich daher folgende Ebenen:

- Auf der *Strukturebene* geraten die ökonomischen Elemente der Mehrwertproduktion und die Verbindungen zwischen der Produktions- und Reproduktionssphäre in den Blick. Weiter können die staatlichen Regulierungsweisen in Form von Gesetzen, Maßnahmen, Institutionen etc. dargestellt werden.
- Auf der *Symbolebene* geraten gesellschaftliche Repräsentationen, Vorstellungen, Diskurse und Ideologien in den Blick, welche soziale Ungleichheiten rechtfertigen.
- Auf der *Subjektebene* können die Verbindungen zwischen den normierenden Verhaltensweisen dargestellt und Praxen herausgestellt werden, welche soziale Ungleichheit reproduzieren. Auch kann auf dieser Ebene aufgezeigt werden, wie sich soziale Ungleichheit anfühlt.

Auf die Analyse der Wechselwirkungen wird in Kapitel 5 näher eingegangen. Im Folgenden werden die Ebenen näher erläutert.

2.4.1 Strukturebene

Wie im Kapitel zur strukturellen Herrschaftssicherung erläutert, existieren in einer kapitalistischen Gesellschaft unüberbrückbare Widersprüche zwischen Kapital und Arbeit, d.h. denjenigen, welche Produktionsmittel besitzen, und diejenigen, welche nur ihre Arbeitskraft besitzen. Dieser Widerspruch zeigt sich in der Ausbeutung der Arbeitskraft bzw. darin, dass Arbeitnehmer_innen Profit erzeugen, den die Arbeitgeber_innen behalten. Dieser Widerspruch wird durch politisch-institutionelle Regulationsweisen minimiert, z.B. durch Arbeitsgesetze, Mindestlöhne etc. Im Kern wird die Strukturebene durch politökonomische Elemente – die Nutzung der Ware Arbeitskraft, einschließlich des Kampfes um die Aufteilung des gesellschaftlich produzierten Werts und der staatlich gestützten Reproduktionsweise – definiert. Die Strukturebene umfasst somit *die Art und Weise der Mehrwertproduktion*, d.h. die Organisation von Arbeit, die Tätigkeiten der Lohnabhängigen, die Produktionstechnologien sowie die politisch-institutionellen Ebenen (vgl. Alquati 1962: 142f.). Sowohl die damit verbundenen Lohnverhältnisse und ökonomischen Organisationsstrukturen als „auch die Beziehungen zwischen kapitalistischen [...] und nicht unmittelbar dem kapitalistischen Verwertungsprozess unterworfenen gesellschaftlichen Sektoren“ (Hirsch 2001: 173) sind darunter zu verstehen.

Wie die Strukturebene insgesamt gesellschaftlich organisiert werden kann, ist jedoch von der jeweils vorherrschenden Führung oder Regierung bzw. von den jeweiligen *politischen und staatlichen Regulationsweisen* abhängig. Zur Strukturebene gehören daher auch die sich ausprägenden institutionellen Steuerungen einschließlich der staatlichen Herrschaftsorganisation (vgl. Hirsch 2001: 174). Die Steuerung bezieht sich dabei wesentlich auf die je verschiedenen Formen von Lohn- und Geschlechterverhältnissen, auf Regelungen und Rechte der Staatsbürger_innen, auf die Reproduktion der Arbeitskraft, auf die jeweilige soziale Absicherung bzw. Versicherungssysteme, auf Konsumformen und -normen (vgl. Bieling 2000: 201; vgl. Kohlmorgen 2004: 53). Dabei kann der Staat selbst als zentraler Akteur eines Prozesses sozialer Steuerung und Regulation durch die Verabschiedung sowie Überwachung der Einhaltung von Gesetzen verstanden werden.

Zusammenfassend: Die Strukturebene hat anhand politisch-institutioneller und wirtschaftlicher Voraussetzungen sowie in Form von Gesetzen und Politiken die Art und Weise der Mehrwertproduktion, die Organisation von Lohnarbeit und Reproduktionsarbeit und damit einhergehend die soziale Ungleichheit zum Gegenstand.

2.4.2 Symbolebene

Wie im Kapitel zur ideologischen Herrschaftssicherung dargestellt, reicht es für die Sicherung von Herrschaft nicht aus, soziale Ungleichheit zu konstruieren, sondern diese muss auch von den Gesellschaftsmitgliedern getragen und reproduziert werden. Als Mittel der Reproduktion dienen Diskurse und Ideologien. Im Kern umfasst die Symbolebene daher *Diskurse und Ideologien* und die damit einhergehenden Normen und Werte, Anrufungen, Bedeutungen, Normierungen, kulturellen Stereotype oder Vorstellungen von Ordnung und Entwicklung der Gesellschaft.

Mit der Darstellung der Symbolebene können herrschende Interessen freigelegt werden und auf Widersprüchlichkeiten von Normen und Werten der Gesellschaftsmitglieder hinweisen. Letztlich geht es darum, den Zusammenhang von gesellschaftlichen Vorstellungen und Machtverhältnissen über die Analyse aktueller Diskurse und Ideologien sowie ihrer Macht-Wirkungen zu verdeutlichen. Wie beschrieben, sind Diskurse als Produktion von Wissen durch Sprache zu verstehen. Diskurse üben durch die Übermittlung von jeweils gültigem *Wissen Macht* aus, weil sie Wissen transportieren und dadurch kollektives und individuelles Bewusstsein ermöglichen (erinnern wir an die Beispiele von Galilei bzw. des Vater- und Mutterschaftsurlaubs in Kapitel 2.3.2). Dieses Macht-Wissen wird in der vorherrschenden Kollektivsymbolik deutlich. Eine vorherrschende Kollektivsymbolik ermöglicht daher über „die gesamte kollektiv verankerte, mehr oder weniger stereotype ‚Bildlichkeit' einer Kultur" (Link/Parr 2007: §10) eine gemeinsame Vorstellung über diese. Diskurse sind somit gleichzeitig selbst ein Machtfaktor, indem sie Verhalten und andere Diskurse ins Leben rufen können. Da Diskurse eine „diskursive Formation" (Foucault 2001b: 916) bilden, die aus Formulierungstypen, Begriffen, theoretischen Optionen, individuellen oder kollektiven Verhaltensweisen, politischen Operationen, wissenschaftlichen Aktivitäten, literarischen Fiktionen oder theoretischen Spekulationen bestehen, tragen sie zur Strukturierung von Machtverhältnissen in einer Gesellschaft bei (vgl. Kapitel 2.3.2).

Wie bereits erwähnt (vgl. Kapitel 2.3.3), lassen sich Ideologien verstehen als „praktische Normen, die die Haltung und die konkrete Stellungnahme der Menschen gegenüber den realen Gegenständen und den realen Problemen ihrer gesellschaftlichen Existenz sowie ihrer Geschichte ‚bestimmen'" (Althusser 1985: 31). Ideologien liefern komplexe Formationen von „Begriffen, Vorstellungen und Bildern innerhalb von Verhaltensweisen, Handlungen, Haltungen und Gesten" (Althusser 1985: 31) und koppeln bestimmte Handlungen, Verhaltensweisen und Denkformen an eine gesellschaftliche Stellung. Um bestimmte Vorstellungen als gültig und wahr einzusetzen, bedarf es nicht ausschließlich repressiver Herrschaftsverhältnisse, sondern auch ideologischer, die bestimmte „Wahrheiten" transportieren. Ideologien sind somit gelebte gesellschaftliche Praxen und soziale Formen. *Ideologien statten Menschen mit* relativ unflexiblen *Vorstellungen und Weltanschauungen* aus – faschistisch, religiös, neoliberal, heteronormativ etc. – welche durch das vorherrschende hegemoniale Wissen legitimiert sind. Beispielhaft lassen sich hier die unterschiedliche Vorstellung, Bewertung, Bezahlung usw. von Frauen- und Männerfußball anführen oder auch westliche Vorstellungen über den Islam. Die jeweiligen Weltanschauungen werden nicht in jeder Situation von den Beteiligten eigens erfunden, sondern in tradierten sozialen Formen angeboten: „Indem die Einzelnen bei der Austragung ihrer Konflikte ‚im Bedarfsfalle' auf [...] ideologische ‚Angebote' zurückgreifen, durchleben sie damit also spezifische Erscheinungsformen gesellschaftlich typischer Konfliktkonstellationen" (Holzkamp 1997: 45). Besonders in Konfliktkonstellationen zeigen sich die unterschiedlichen Interessen zwischen den Herrschaftsdispositiven und den je subjektiven Lebensinteressen der Einzelnen. Dabei kann ein widersprüchliches Verhältnis von Möglichkeiten und Behinderungen entstehen. Bei starken Widersprüchen zur Umsetzung der je subjektiven Lebensinteressen können begrenzte bzw. restriktive Bewältigungsmöglichkeiten genutzt und die ihnen nahe gelegten Denkformen reproduziert werden (vgl. Markard 2000: 34). Restriktive Handlungsfähigkeit bedeutet, sich einzurichten, sich mit den bestehenden gesellschaftlichen Rahmenbedingungen und Weltbildern abzufinden und unter diesen Bedingungen zu versuchen, einen Rest an Verfügungsgewalt zu erhalten und in Bestätigung der bestehenden Herrschaftsverhältnisse, zumindest partiell, an diesen teilzuhaben (vgl. Holzkamp 1997: 397). Denn indem die je eigenen Interessen durch die Akzeptierung von gesellschaftlichen Herrschaftsverhältnissen verfolgt werden, werden sie auch zugleich verletzt, weil mögliche Bündnispartner_innen für die Erweiterung der gemeinsamen Lebensbedingungen und Handlungsmöglichkeiten verloren gehen. Frei nach dem Motto: „Ich verrate um meiner unmittelbaren Absicherung, Bestätigung etc. willen die eigenen Entwicklungs- und Lebensmöglichkeiten" (Holzkamp 1997: 396).

Die Funktionen von Diskursen und Ideologien lassen sich daher *als herrschaftslegitimierende und -sichernde Techniken* verstehen, die in Verleugnungsstrategien, Relativierungsstrategien oder Tabuisierungsstrategien etc. eingebettet sind (vgl. Jäger 2000: 1). Zu fragen ist hierbei, wer diese Strategien ausüben kann, über wen sie ausgeübt und wodurch sie ausgeübt werden bzw. welche Positionen die Sprechenden einnehmen, „um eine Beteiligung am Diskurs und seine Bewertung für den Einzelnen und die Einzelne bzw. für Gruppen und Institutionen" (Jäger 1996: 47) zu ermöglichen oder zu verunmöglichen. Die unterschiedlichen Positionen zu ermitteln, hilft gleichzeitig, die Diskurse und Ideologien zu unterscheiden und ihre unterschiedlichen Bedeutungen darzustellen. Laut Winker und Degele können wir so „umfassend verstehen, in welchen gesellschaftlichen Zusammenhängen diese Normen und Werte aufgerufen und immer wieder neu am Leben gehalten werden" (Winker/Degele 2009: 92).

Zusammengefasst: Die symbolische Ebene ist in Wissenschaft, Politik, Medien, Erziehung, Alltag, Geschäftsleben, Verwaltung etc. anwesend. Man könnte die Symbolebene als Teil der Struktur und der eigenen Subjektivität verstehen, von der aus bzw. mit der „gesprochen" wird. Im Prinzip wird die Symbolebene dadurch die Vermittlungsinstanz zwischen Struktur und Subjekt.

2.4.3 Subjektebene

Wie bereits im Kapitel zur subjektiven Herrschaftssicherung angedeutet, sind Denkweisen oder soziale Praxen in Machtverhältnisse implementiert. Individuen werden durch diese Verhältnisse reguliert. Folglich unterliegt die Ich-Werdung einem hegemonialen Bedeutungssystem der jeweiligen Gesellschaften.

Das Wort Subjekt hat die geläufige Bedeutung, dass das Individuum Urheber seiner Handlungen und für sie verantwortlich ist. In einem poststrukturalistischen und einem strukturalistisch-marxistischen Kontext besitzt das Wort Subjekt einen doppelten Sinn: Einerseits ist es ein unterworfenes Wesen, das einer Autorität untergeordnet ist und „daher keine andere Freiheit hat als die der freiwilligen Anerkennung seiner Unterwerfung" (Althusser 1977: 148). Andererseits bedeutet der Begriff Subjekt, durch die Freiheit des Bewusstseins und der Selbsterkenntnis die je eigene Identität zu gestalten (vgl. Foucault 1994: 246f.). Somit ist das Subjekt einerseits Urheber seiner Handlungen und bleibt andererseits als ein unterworfenes Wesen einer höheren Autorität, einem Regime oder einem Bedeutungssystem untergeordnet. Die Sichtweise ermöglicht eine handlungstheoretische Erweiterung, schließlich existieren ja auch materielle Interessen und Strategien, die Subjekte maßgeblich prägen und beeinflussen. Das heißt, Handlungen sind institutionell, ideologisch, kulturell und moralisch überformt. Im Kern umfasst die Subjektebene daher jene Prozesse, in denen *Normen, Regulierungen, Selbstermächtigungen und Bedeutungsproduktionen* von Menschen *hergestellt, gelebt und erlebt werden.*

Pierre Bourdieu betont in seinem *Habituskonzept* genau diese Wechselwirkung zwischen Struktur und sozialer Praxis. Dabei versucht er, Elemente des Strukturalismus und des Konstruktivismus in einem zusammenführenden dritten Ansatz der praxeologischen Erkenntnisweise zu verbinden. Nach Bourdieu befinden sich Individuen in einem ständigen Kampf um ihre Positionen im sozialen Feld, indem sie sich immer wieder neu mit dem gegenwärtigen Zustand der Gesellschaft auseinandersetzen. Die *Kämpfe im sozialen Raum* sind nach Bourdieu nicht ausschließlich auf ökonomische Klassenkämpfe reduziert, sondern es existieren gleichzeitig Auseinandersetzungen um Symbolformen, die ihren Ausdruck in der Bestimmung hegemonialer Normen und Werte sowie in Lebensstilen finden (vgl. Bourdieu 1987: 730ff.; Bourdieu/Wacquant 1996: 125ff.). In diesen Auseinandersetzungen sind verschiedene Konsequenzen für die jeweiligen Handelnden enthalten. Strategien des individuellen Erfolgs und „Sich-Einrichtens" in die bestehenden Verhältnisse sind ebenso denkbar wie Resignation und Apathie oder „transformative Strategien in Gestalt eines kollektiven Engagements" (Bieling 2000: 219).

Am Beispiel des Frauenfußballs lässt sich dies gut veranschaulichen: In der Schweiz und in Deutschland werden Ligaspiele der Frauen kaum wahrgenommen, Europa- und Weltmeisterschaften nur am Rande und keinesfalls auch nur annähernd in einem vergleichbaren Maße wie die Fußballturniere der Männer beachtet. Obwohl die deutschen Fußballerinnen auf internationalem Terrain viel erfolgreicher spielen als ihre männlichen Kollegen, findet keine Angleichung in Promotion, Bezahlung, Professionalisierung usw. statt. Diese Bewegungen können im o.g. Sinne als Kämpfe im sozialen Raum analysiert werden.

Mit der Subjektebene kann herausgearbeitet werden, wie und auf welche Art und Weise Diskurse und Ideologien durch die individuelle Berücksichtigung der jeweils beschränkten gesellschaftlichen Entwicklungsbedingungen verwendet werden und welcher Habitus sich daraus entwickelt. Bourdieu beschreibt den Habitus als ein *System verinnerlichter Denk-, Handlungs- und Wahrnehmungsschemata*, die u.a. durch Sozialisationsprozesse erlernt werden (vgl. Bourdieu 1970: 150; vgl. Kapitel 2.3.4). Die Wahrnehmungsschemata ermöglichen die Strukturierung der sozialen Welt bzw. die Abgrenzung erfahrbarer Phänomene. Die Denkschemata ermöglichen die Interpretation der sozialen Welt und ordnen durch Normen und Werte die Beurteilung gesellschaftlicher Handlungen. Die Handlungsschemata bringen Individuen als Akteur_innen hervor. Der Habitus beschreibt aber nicht ausschließlich bewusste Verhaltensweisen von Angehörigen bestimmter Gruppen oder Klassen, die einem ähnlichen Wahrnehmungs-, Interpretations- und Handlungsmuster entsprechen, sondern der Begriff Habitus lässt sich als „generative Grammatik der Handlungsmuster" (Bourdieu 1970: 150) definieren. Das heißt, er organisiert Ordnungen, die dem Handeln von Individuen vorausgehen bzw. die Handelnde reproduzieren, indem sie, darauf bezugnehmend, ein bestimmtes Verhalten generieren. Der Habitus erzeugt so ein kollektives Gedächtnis, „indem er in den Nachfolgern reproduziert, was die Vorläufer erworben haben" (Bourdieu 1987: 101).

Resümee: Durch die Reproduktion der vorgefundenen Strukturen und Ideologien bzw. durch die Verarbeitung dieser werden Subjekte mit einem Platz in der Gesellschaft belohnt. Durch eine Ablehnung von Strukturen und Ideologien erfahren die Subjekte eine gesellschaftliche Nicht-Anerkennung. Die Subjektebene beinhaltet somit die Untersuchung und Darstellung der Selbstverhältnisse bzw. des Sich-selbst-in-Bezug-Setzens zur Struktur- und Symbolebene.

2.4.4 Zusammenfassung: Ebenen sozialer Ungleichheit

Bis zu diesem Punkt der Darstellung stehen die Ebenen sozialer Ungleichheit noch für sich. Die bisher vorgestellten Ebenen beziehen sich auf die Struktur der Gesellschaft (Ökonomie, Staat), die darin enthaltene Symbolebene (Diskurse, Ideologien, Bedeutungsproduktion) und auf die Subjektebene (Selbstverhältnisse). Mit dieser Aufteilung wird deutlich, dass die unterschiedlichen *Ursachen von sozialer Ungleichheit umkämpft sowie historisch veränderbar* sind. Um die komplexen Beziehungen zwischen Struktur, Symbol und Subjekt und die damit verbundenen identitätsgenerierenden Positionen in der Gesellschaft sowie die Verwendungen von Diskursen und Ideologien durch das Subjekt zu verdeutlichen, ist eine Weiterführung der bisherigen Darstellung erforderlich. Im Anschluss an die beschriebenen Macht- und Herrschaftsverhältnisse und die damit verbundenen Ebenen sozialer Ungleichheit lässt sich abschließend festhalten, dass soziale Ungleichheit mittels identitätsgenerierender Ebenen und Kategorien erzeugt wird. Im Folgenden wird auf diese Kategorien vertieft eingegangen, um das System der sozialen Ungleichheit in seinen Differenzierungen zu beleuchten.

2.5 Kategorien sozialer Ungleichheit

Im Folgenden soll im Anschluss an die Macht- und Herrschaftsverhältnisse genauer auf die eingeführten, Ungleichheit produzierenden *Kategorien von Class, Race, Gender und Body* als erweiterter Analyseblick von Intersektionalität eingegangen werden. Die aktuellen Debatten zur Intersektionalität verweisen auf die Verwobenheit und das Zusammenwirken dieser Kategorien sozialer Ungleichheit, ohne dabei die Analyse von Herrschaftsverhältnissen auf eine eindimensionale Darstellung von Class, Race, Gender oder Body zu reduzieren. Um die Verwobenheit darzustellen, soll in einem ersten Schritt allerdings zuerst weiter in die Kategorien eingeführt werden. Hierbei liegt der Schwerpunkt weniger auf der herrschaftssichernden Perspektive, sondern viel mehr auf den Auswirkungen dieser Kategorien. Diese Kategorien produzieren Diskriminierungen wie Klassismus, Rassismus, Sexismus oder Bodyismus.

2.5.1 Class

Wie in Kapitel 2.2 kurz ausgeführt, beschreibt die *Kategorie Class* also die ökonomische Verortung von Individuen innerhalb einer warenproduzierenden Gesellschaft. In dieser unterscheiden sich Angehörige unterschiedlicher Classes durch ihre wirtschaftliche Stellung in diesem kapitalistischen Produktionssystem: Abhängig davon, wie Individuen an der Verteilung des von ihnen produzierten Wertes in Form von Lohn oder Profit teilhaben, gehören sie entweder der Class der Lohnarbeitenden oder der Produktionsmittelbesitzenden an. So stehen sich zwei unterschiedliche Classes gegenüber, und es entstehen Klassenverhältnisse. Der Begriff Class steht in unmittelbarem Zusammenhang mit den Merkmalen und Zielen der kapitalistischen Produktionsweise.

Die *Merkmale der kapitalistischen Produktionsweise* lassen sich wie folgt beschreiben: Im kapitalistischen System werden alle Güter als Waren getauscht und in Geldwert gemessen. Sofern Menschen keine Selbstversorger_innen sind, müssen sie sich mit ihrer Arbeitskraft auf dem Arbeitsmarkt verdingen und werden entlohnt – meist in Geldform. Menschen, ihre Arbeitskraft und ihre übrigen Fähigkeiten werden in diesem Gesellschaftssystem als Ware gehandelt. Der einzelne Mensch muss sich bzw. seine Fähigkeiten vermarkten und wird mit anderen Menschen der Lohnkonkurrenz ausgesetzt. Da in der Logik der kapitalistischen Produktionsweise Profit erwirtschaftet werden muss, erfolgt die Entlohnung immer unterhalb des produzierten Wertes. Zugleich wird der Eindruck vermittelt, die gesamte Arbeit der Lohnarbeitenden würde bezahlt und es bestehe ein gerechter Tausch zwischen Produktionsmittelbesitzer_innen und Arbeitskräften: Der Lohn erscheint als Bezahlung des gesamten Arbeitstags. Tatsächlich jedoch zerfällt der Arbeitstag in zwei Teile: (1) in die notwendige Arbeit, die Lohnabhängige leisten, um ihr Lohnäquivalent zu produzieren, und (2) in die darüber hinaus gratis geleistete Mehrarbeit, welche für die Profiterwirtschaftung bzw. -maximierung unabdingbar ist. Dennoch erscheinen beide Arbeiten als eine bezahlte Arbeit. Einfach gesagt, bedeutet das, Lohnabhängige arbeiten länger, als ihnen dafür bezahlt wird. Gäbe es dieses Prinzip nicht, könnte kapitalistisches Wirtschaften nicht funktionieren. Im kapitalistischen System entstehen durch dieses Prinzip *soziale Widersprüche*. Im Kern besteht dieser Widerspruch in der Frage, wie die Aufteilung des gesellschaftlich produzierten Reichtums hergestellt wird. Das wesentliche Merkmal dieses Widerspruchs ist, dass diejenigen, die den gesellschaftlichen Reichtum erarbeiten, nicht die Verfügungsgewalt über die Produktionsmittel, das Produkt ihrer Arbeit haben und nicht gerecht bezahlt werden (vgl. MEW 23-26).

Um in dieser kapitalistischen Logik leben zu können, müssen Lohnarbeitende ihre Arbeitskraft regenerieren, damit sie erneut im Produktionsprozess „vernutzt" werden kann (vgl. Beer 1984: 140; Lipietz 1985: 119f.; Kohlmorgen 2004: 37ff.; Chorus 2007: 29ff.). Hirsch schließt aus diesem Zusammenhang, dass sich „Lohn-, Haus- und ‚Eigenarbeit' unter der Dominanz des Kapitalverhältnisses" (Hirsch 1990: 34) gegenseitig bedingen. Damit ist gemeint, dass im Lohn die notwendigen Kosten für Wohnung, Kleidung, Nahrung und eventuell auch Betreuung und Erziehung von Kindern enthalten sind. Die Höhe des Lohns bestimmt dabei den Umfang der kaufbaren Lebensmittel und Reproduktionstätigkeiten und „begrenzt somit auch die Entscheidungsfreiheit, Reproduktionsarbeit durch den Kauf solcher Produkte und Dienste zu ersetzen“ (Resch 1991: 36). Müssten die Kosten für Reproduktionsarbeit wie Essenszubereitung, Putzen, Waschen, Zuwendung oder die Erziehung von Kindern auf dem freien Markt eingekauft oder vom Lohn bezahlt werden, wäre einerseits der Akkumulationsprozess unrentabel, weil die Höhe des Lohns den Mehrwert der Ware drücken würde. Andererseits würde ein reeller Lohn für diese Reproduktionstätigkeiten wahrscheinlich gar nicht ausreichen (vgl. Kohlmorgen 2004: 39). Sofern Lohnabhängige Reproduktionstätigkeiten nicht einkaufen können, sind sie im Wesentlichen darauf angewiesen, jemanden zu haben, der_die diese Arbeiten für sie erledigt. Obwohl Reproduktionsarbeiten außerhalb des Betriebs und außerhalb des Lohnverhältnisses geleistet werden, sind sie dennoch unabdingbar für die Profitmaximierung, weil sie die Kosten der *Reproduktion der Arbeitskraft* reduzieren und dadurch den kapitalistischen Profit erhöhen (vgl. Bauer 1985: 150).

Innerhalb dieser kapitalistischen Logik können also Reproduktionsarbeiten wie private Kindererziehung oder private Pflege von Angehörigen etc. nicht zur Profiterwirtschaftung beitragen und gelten daher als sogenannte nicht arbeitsmarktgängige Arbeit. Anders gesagt: Wer keiner Erwerbsarbeit nachgeht, produziert keinen Wert und erhält daher auch keinen Lohn. Folglich wird das menschliche Zusammenleben in einem kapitalistischen System einer Verwertungslogik unterworfen, welche aufgrund des Kriteriums der Vermarktungsfähigkeit zu Konkurrenz untereinander führt. Dadurch entsteht strukturelle Ungleichheit, wodurch zwangsläufig Hierarchien aufgebaut werden. Wer eine Arbeit verrichtet, z.B. Investmentbanking, welcher in der kapitalistischen Logik eine hohe Verwertbarkeit zukommt, erhält mehr Lohn und ist in der Hierarchie weiter oben angesiedelt als jemand, der_die privat Kinder erzieht und damit keinen verwertbaren Profit erarbeitet. Arbeit, Verwertbarkeit und individuelle Arbeitskraft sichern also im kapitalistischen System das Überleben sowie die soziale Positionierung.

Lohnarbeit und Reproduktionsarbeit sind demnach „zwei zusammengehörende, sich gleichzeitig entwickelnde Arbeitsweisen im kapitalistischen System“ (Bauer 1985: 149). Der kapitalistische Reproduktions- und Akkumulationsprozess ist somit auf die formale Trennung von bezahlter Lohnarbeit und unbezahlter Reproduktionsarbeit angewiesen, um die Kosten der Arbeitskraft zu mindern und kapitalistischen Profit zu erhöhen. Die unbezahlte Reproduktionsarbeit wird so zur „anderen Hälfte“ (Kurz 1992: 125) des Akkumulationsprozesses und ist dadurch eine unabdingbare Voraussetzung für die kapitalistische Produktion. Das heißt, die beiden Standbeine des Kapitalismus sind die Trennung von bezahlter Erwerbsarbeit und unbezahlter Reproduktionsarbeit. Der Doppelcharakter kapitalistisch benötigter Arbeit stellt sich auch als *Widerspruch* zwischen bezahlter Arbeit und unbezahlter Arbeit dar. Diesem Doppelcharakter kapitalistisch benötigter Arbeit ist eine geschlechtliche Arbeitsteilung inhärent, die sich im Zuge der Industrialisierung vollzog und seither gesellschaftliche Zuschreibungen prägt (vgl. Hausen 1978; Beer 1984). Wenngleich Produktions- und Reproduktionsarbeiten gleichermaßen von Männern wie Frauen verrichtet werden können, werden auf der gesellschaftlichen Ebene Männer dem Produktions-, Frauen dem Reproduktionsbereich zugewiesen. Diese Zuweisungen vollziehen sich beispielsweise auf der Strukturebene in Form von Gesetzen, die Frauen Mutterschaftsurlaub zugestehen, Männern jedoch nicht, oder sie geschehen auf der Symbolebene, wenn Teilzeitarbeit für Männer und Frauen unterschiedlich bewertet bzw. ermöglicht wird.

Ziel der kapitalistischen Produktionsweise ist es, Mehrwert bzw. Profit anzuhäufen. Dies geschieht in einer bestimmten Logik: Die von den Lohnabhängigen hergestellte Ware wird verkauft und dadurch wird Gewinn erzielt. Marx nennt dies das kapitalistische Wertgesetz. Die Anhäufung resp. Akkumulation von Kapital besteht nun darin, dass der Gewinn wieder zum Ausgangspunkt eines neuen Produktionszyklus wird. Die „Anwendung von Mehrwert als Kapital oder Rückverwandlung von Mehrwert in Kapital heißt Akkumulation des Kapitals“ (MEW 23: 605). Damit ist auch schon der Zweck der kapitalistischen Produktionsweise erreicht: einen immer größeren Mehrwert, unter Beibehaltung des ursprünglichen Kapitals, zu produzieren. Die Rate des Mehrwerts kann erhöht werden, indem notwendige Arbeitszeit verkürzt wird. Die notwendige Arbeitszeit wird reduziert, indem eine kleiner werdende Anzahl von Arbeitskräften immer intensiver arbeitet (vgl. Hirsch 1974: 33, 2005: 108ff.; Aglietta 1979: 69f.). Aus dem Grund, dass die Mehrwertproduktion eine physiologische Schranke – 24-Stunden-Arbeitstag, Vernutzung der Arbeitskraft bis zum Tod – besitzt, muss die Mehrwertproduktion über die Verdichtung des Arbeitsprozesses und der Arbeitsproduktivität hergestellt werden. Die Verdichtung vollzieht sich einerseits durch Kooperation, Arbeitsteilung, Maschinerie und Geschicklichkeit der Lohnabhängigen. Andererseits kann die Produktivität der Arbeitskraft sich steigern, wenn die Lohnabhängigen gesund und ausgeruht sind und die nötige Disziplin bzw. Selbstverantwortung besitzen, sodass Lohnabhängige in kürzerer Zeit den Gegenwert ihres Arbeitslohnes produzieren können. Dadurch wird die Spanne der unbezahlten Mehrarbeit ohne Verlängerung des Arbeitstages vergrößert und die Spanne für die notwendige Erwerbsarbeit verkürzt. Lohnarbeit wird produktiver, der Wert der Arbeitskraft sinkt und damit auch der Lohn, weil die Reproduktionsarbeit zur Erhöhung des Mehrwertes beiträgt (vgl. Paulus 2013a; Chorus 2007: 31, 38–43; Boyer/Saillard 2002: 73ff.).

Wie schon beschrieben, sind die Reproduktionsarbeiten nicht geschlechtsneutral – zumindest was die Regeneration von Arbeitskräften angeht. Zu sagen, dass sich die Produktion von Mehrwert durch unbezahlte Reproduktionsarbeit vollzieht, trifft an diesem Punkt auch noch keine Aussage über die Personifikationen dieses Verhältnisses, weil bis auf die generative Reproduktion alle Arten von (Re-) Produktionsarbeiten von Frauen und Männern vollzogen werden können (vgl. Haensch 1969: 49). Das bedeutet, dass die vergeschlechtliche Arbeitsteilung zumindest nicht aus dem rein ökonomischen Klassenwiderspruch zu beschreiben ist.

Das widersprüchliche Verhältnis der Trennung Produzent_in/Produktionsmittel und unbezahlter/bezahlter Arbeit hängt auch damit zusammen, wie dieses Verhältnis durchgesetzt bzw. gerechtfertigt wird. Deshalb richtet sich der Erfolg oder Misserfolg der Kapitalakkumulation sowohl an einer bestimmten Art von Kapitalverwertung aus als auch an der *gesellschaftlichen Zustimmung*. Dadurch, dass die kapitalistische Produktionsweise als bloße ökonomische Vergesellschaftungsform nicht existenzfähig wäre (vgl. Hirsch 2005: 28ff.), erzwingen die Widersprüche der kapitalistischen Produktionsweise Ideen, Vorstellungen, Tätigkeiten, die auf den Bestand, die Ordnung und den Erhalt der sozialen Ungleichheit gerichtet sind. Den Mechanismen der Herrschaftssicherung (vgl. Kapitel 3.1) kommt hierbei eine wesentliche Funktion zu, „damit die verschiedenen Fraktionen der Gesellschaft (die durch die sozialen Verhältnisse bestimmt sind: die sozialen Klassen, die Geschlechter, die Stände oder die Individuen) sich nicht in einem Kampf ohne Ende zerreiben" (Lipietz 1985: 112).

Als herrschaftssichernde Ideologie zur Sicherung und zur Zustimmung der Ungleichheitsverhältnisse lässt sich auch der sogenannte Klassismus beschreiben. Klassismus dient zur Bezeichnung der individuellen, institutionellen und kulturellen Diskriminierung sowie Unterdrückung aufgrund eines tatsächlichen, vermuteten oder zugeschriebenen Klassenstatus von Menschen (vgl. Kemper/Weinbach 2009). Diese klassenspezifische Diskriminierung umfasst z.B. Abwertung und Stigmatisierung von ungelernten Arbeitnehmer_innen, Sozialbezugsempfänger_innen, Mittellosen, Obdachlosen oder die Benachteiligung von Kindern einkommensschwächerer Schichten im Bildungssystem (vgl. Kemper 2008). Abschließend lässt sich festhalten, dass die kapitalistische Vergesellschaftungsform nicht nur Widersprüche zwischen den Klassen, sondern auch innerhalb der Klassen produziert.

2.5.2 Race[1]

Die *Kategorie Race* wird innerhalb der Sozialwissenschaften als analytischer Begriff verstanden, mit dem soziale Unterscheidungen nach Ethnien, Herkunft, Hautfarbe und Religion in den Blick genommen werden können. Der Begriff bezeichnet also das Ergebnis sozialer Handlungen, einer Praxis kategorisierender Zuordnung von Individuen zu Gruppen. Eine solche Praxis der Unterscheidung und Zuordnung kann der Benennung von Gleichheit und Differenz dienen, ist aber fast immer mit weiteren Bedeutungszuweisungen und Wertungen, mit Hierarchisierung, Privilegierung und Deprivilegierung verbunden.

Während in der Sozialen Arbeit in Nordamerika der englischsprachige Begriff „race" weitgehend als sozialkultureller Begriff zur Beschreibung und Kritik von sozialer Ungleichheit etabliert ist, wird in Europa eher der Begriff „Ethnie" benutzt und gelegentlich weitere Begriffe wie Herkunft, Nation, Staatsangehörigkeit, Religion oder Migrationshintergrund. „Rasse" ist zu sehr mit *biologischen und historischen Bedeutungen* überladen. Diese Aufladung mit gleichzeitig beschreibenden und wertenden Aussageanteilen zeigt sich schon in der Entstehung des Rassebegriffs im 15. Jahrhundert im Kontext der christlichen Eroberung (Reconquista) der von Mauren regierten Gebiete im Bereich des heutigen Spaniens. Im Zuge der Vertreibung der Juden und Mauren sowie der Ausgrenzung von Konvertiten diente der Begriff zur Bezeichnung von Menschen jüdischer oder maurischer „Abstammung", denen ein „unreines Blut" unterstellt wurde (Hering Torres 2006). „Rasse" ist seitdem bis heute immer wieder ein Begriff, mit dem Gruppen, die (vermeintlich) nicht der Mehrheitsbevölkerung angehören, gekennzeichnet und mit (zumeist negativen) Eigenschaften verknüpft werden.

Race ist somit ein „dichter Begriff", in dem *beschreibende und wertende Bedeutungsanteile* so eng mit einander verwoben sind, dass sie nicht sinnvoll voneinander getrennt werden können (Plümecke 2014). Sowohl historisch wie aktuell oszilliert Race deshalb immer wieder zwischen sozial-kulturellen sowie naturalisierenden Zuschreibungen und verwebt diese miteinander. Analog zu den Begriffen Gender, Class, Body ist Race entsprechend als Analysekonzept zu verstehen, mit dem soziale Verhältnisse untersucht, begrifflich gefasst, in ihrer Relationalität entschlüsselt und zudem kritisiert werden können. Als „soziale Fiktion" entbehrt Race einer biologischen Grundlegung, was sie aber keinesfalls weniger faktisch macht. Treffend formuliert das Guillaumin: „Rasse existiert nicht. Aber es tötet dennoch Menschen" (1995: 107). Wenn der Rassebegriff aus diesem Grund

1 Wir danken Tino Plümecke für seine fachliche Beratung sowie für seine Mitarbeit an diesem Kapitel.

nach wie vor als sozialwissenschaftlicher Terminus im deutsch- und im französischsprachigen Raum wenig im Gebrauch und umstritten ist, so verweisen doch alle alternativen Begriffe in gleicher Weise auf den Terminus „*Rassismus*", mit dem in Forschung und Theorie die herrschenden sozialen Verhältnisse mit ihren Unterscheidungen, Herabwürdigungen, Benachteiligungen und Ausschlüsse gefasst werden können.

Rassismus im Allgemeinen lässt sich als ein Mechanismus beschreiben, dem Abwertung, Stigmatisierung, Ausgrenzung, Unterdrückung bis hin zur Ermordung und systematischen Vernichtung aufgrund von angenommenen oder zugeschriebenen biologischen oder kulturellen Unterschieden inhärent ist. Weiteres Merkmal des Rassismus ist, dass diese Abwertung eine Depersonalisierung, Entindividualisierung und Entmenschlichung der Opfer zur Folge hat und zugleich mit einer Selbstaufwertung der Rassist_innen einhergeht. Die Stigmatisierungen richten sich dabei gegen fast alle Mitglieder der identifizierten Gruppe.

In der internationalen Forschung stehen diverse Felder im Fokus – insbesondere Gesetze, das Bildungssystem, der Arbeits- und Wohnungsmarkt, Alltagsinteraktionen sowie Straftatbestände, die auf rassifizierende und rassistische Diskriminierungen hin untersucht werden. Aus einer intersektionalen Perspektive erweisen sich vor allem jene Ansätze zur Rassismusanalyse als produktiv, die mit einem modernekritischen Verständnis vorgehen. Rassismus wird hier auf seine Funktion im Kontext moderner Gesellschaften befragt – von der Entstehung in den spanischen Königreichen ab dem 15. Jahrhundert, über die Verwissenschaftlichung im Zuge der Aufklärung, dem Staatsrassismus in Nationalsozialismus bis hin zu aktuellen Funktionalitäten rassifizierter Unterscheidungen. Auf einer gesellschaftstheoretischen und gesellschaftskritischen Grundlage wird *Rassismus als soziales Verhältnis* interpretiert, das in seinen heutigen Ausprägungen mit der kapitalistischen Wirtschaftsform, mit der geschlechtlich kodierten Aufteilung von Erwerbs- und Reproduktionsarbeit, mit der Institutionalisierung von Ehe und Familie sowie mit dem Verwertungsparadigma des Personenstatus zusammenhängt. Rassifizierung und Diskriminierungen werden somit als konstitutiv in moderne Gesellschaften eingeschrieben verstanden und setzen sich damit manchen Vorstellungen entgegen, die meinen, dass Rassismus ein überkommenes Phänomen sei, das sich mit dem gesellschaftlichen Fortschritt erledigen werde.

Untersuchungen zu Rassismus versuchen jene gesellschaftlichen Phänomene zu fassen, zu verstehen und zu bekämpfen, die mit einer Ungleichstellung von Menschen im Zusammenhang mit deren Hautfarbe (sowie weiteren körperlichen Merkmalen), deren (vermeintlicher) ethnischer Herkunft oder Religionszugehörigkeit zusammenhängen. Die *Effekte von*

Rassismus in Gesellschaft – von Handlungen und Strukturen – lassen sich dahingehend als rassistische Diskriminierung beschreiben und der *Gegenstand* der sozialen Praxis der Unterscheidung als „Rassen“ und „Ethnien“. Zu Rassismus existieren diverse Definitionsansätze, weil damit sehr unterschiedliche Ausprägungen sozialer Unterscheidungen gefasst werden. Nicht nur, dass sich im Kolonialismus, Antisemitismus, Anti-Schwarzen-Rassismus, antimuslimischen Rassismus, Antiromaismus etc. verschiedene Ausprägungen von Rassismus zeigen; darüber hinaus sind historisch und je nach Kontext sehr verschiedene Handlungen zu benennen – von herabwürdigenden Äußerungen bis zu Gewalt und Mord, von gesetzlicher Ungleichstellung bis hin zu staatlich durchgeführtem Holocaust. Hinzu kommt, dass unterschiedliche theoretische Konzepte als Grundlage zur Untersuchung von Rassismus dienen, sodass keine allgemein anerkannte Bestimmung von Rassismus existiert und wohl auch nicht existieren kann. Dennoch lassen sich die Ähnlichkeiten der gängigsten Definitionen herausstellen: So sehen einige Forscher_innen Rassismus in einer globalen Perspektive als „weiße Vorherrschaft“ (Sow 2011: 37), als „soziales Verhältnis“, durch das „unterschiedliche Grade des Menschseins“ postuliert werden (Hund 2010: 2191), als „System von Bevorteilung und Diskriminierung“ (Salter/Adams 2013: 413), als „Erklärungs- und Rechtfertigungsideologie“ (Geiss 1988: 15) bzw. als „Diskurs und Praxis, um Machtverhältnisse zu reproduzieren und zu legitimieren“ (Rommelspacher 2009: 29). Die Unterschiedlichkeit der Definitionsversuche ist jedoch nicht als Schwäche, sondern vielmehr als gegenstandsangemessen zu interpretieren, da mit einem übergreifenden Begriff historisch und kulturell sehr spezifische gesellschaftliche Phänomene in einem heuristischen Konzept gefasst werden können. Insbesondere für eine intersektionale Analyse ist es aufgrund des Spektrums an Untersuchungsansätzen möglich, auf die Verwicklungen unterschiedlicher Differenzdimensionen zu fokussieren, ohne Personen, die von Diskriminierung betroffen sind, durch eine einschränkende Definition zu verlieren.

Als wesentliche Felder der Rassismusforschung lässt sich u.a. die Analyse von biologisiertem, kulturellem, strukturellem und institutionellem Rassismus benennen. Wir werden diese Felder im Folgenden kurz darstellen:

Biologisierter Rassismus

Zwar sind fast alle Rassismen der Geschichte und Gegenwart durch ein Changieren zwischen biologistischen und kulturalistischen Markierungen der Über- und Unterlegenheit gekennzeichnet. Dennoch ist es aus heuristischen Gründen für viele Rassismusforschende sinnvoll, zwischen den kulturellen und biologischen Eigenschaftszuschreibungen, die an die Anderen gerichtet werden, zu unterscheiden. Deutlich wird etwa, dass mit dem Beginn des modernen Rassismus im 15. Jahrhundert schon präbiologische Vererbungsvorstellungen die „Unreinheit" der Juden und Mauren stützen sollten, dass mit der Verwissenschaftlichung von Race in der Zeit der Aufklärung und mit der Entstehung der Biologie als Wissenschaft im 19. Jahrhundert eine intensive Suche nach der „Natur" der Unterschiede startete und diese schließlich in die biologisch fundierte Rassenhygiene und rassistische Gesetzgebungen des Nationalsozialismus mündete. Für die Rechtfertigungsordnung der westlichen Moderne schien der Nachweis natürlicher Unterschiede zwischen den Rassen das Mittel der Wahl. Zwar erzeugten die biologischen Merkmale immer auch Probleme bei der Suche nach kategorialen Unterschieden, sodass nie ein allgemeiner Konsens über eine ‚Ordnung der Natur des Menschen' erlangt werden konnte. Der Erfolg dieser naturalisierenden Einteilungsweise liegt aber darin, ein Konzept erschaffen zu haben – wie die Rassismustheoretiker Michael Omi und Howard Winant herausarbeiteten –, „mit dem soziale Konflikte und Interessen durch eine Referenz auf verschiedene Arten des menschlichen Körpers benannt und symbolisiert werden können" (1994: 55). Der Rekurs auf die Biologie des Menschen hat sich dabei – ähnlich wie bei der Kategorie Gender – bis heute als sehr funktional erwiesen, gerade weil er soziale Konflikte und Herrschaft hinter einer vermeintlich nicht hinterfragbaren Natur verbergen kann. Auch wenn sich rassistische Ausdrucksformen und Strukturen in der heutigen postmigrantischen Gesellschaft als wesentlich fluider als jene des traditionellen Rassismus erweisen, haben Biologismen trotz vielerlei Kritik und erheblicher Veränderungen kaum an Wirkmacht verloren, sodass weiterhin biologisch rassifizierte Einteilungen von Menschen konzipiert werden, etwa in klinischen Studien, bei Medikamententests, bei Screenings für genetische Erkrankungen, in Samenbanken oder in Kliniken, die Eizellspenden vermitteln, in forensischen Datenbanken, bei genetischen Abstammungstests oder in verschiedenen Projekten der Humanevolutionsforschung (vgl. Plümecke 2013).

Struktureller und institutioneller Rassismus

Struktureller bzw. institutioneller Rassismus zielt auf Machterhaltung. Mehr oder weniger offene Prozesse der Ab-, Ein- und Ausgrenzung von Menschen „minderen Wertes und minderer Rechte" vollziehen sich als „Strategie der Entmächtigung der Bevölkerung durch Installierung oder Verwertung von Mehrheits-Minderheits-Anordnungen" (Holzkamp 1997: 323). Rassistische Vorherrschaft ist in Form von Regeln, Gesetzen, Ordnungsmustern sowie den ungleichen Zugängen zu sozialen Ressourcen organisiert und damit Strukturen der Gesellschaft implizit (vgl. Essed 2002).

Die machterhaltenden Strategien bzw. Funktionen liegen darin, dass die rassistischen strukturellen bzw. institutionellen Mechanismen aus dem Blick geraten, indem einzelne Bevölkerungsgruppen andere Untergruppen abwerten, ausgrenzen, verfolgen oder unterdrücken. Struktureller bzw. institutioneller Rassismus vollzieht sich daher nicht nur über Regeln, Gesetze und Ordnungsmuster, sondern gleichermaßen in alltäglichen Handlungsweisen, Praxen und Diskursen. Beispiele sind Wahl- und Stimmrecht für (Nicht-)Schweizer_innen, unterschiedliches Eherecht für homo- und heterosexuelle Paare, kriminalisierende Diskurse über bestimmte Bevölkerungsgruppen wie z.B. Pol_innen oder Rumän_innen usw. Die herrschenden Mehrheits-Minderheits-Anordnungen konstruieren (nicht zahlenmäßig, sondern funktional) Minderheiten, die sich je nach historisch-gesellschaftlicher Konstellation verändern. Nicht nur „rassische", bzw. ethnische Minderheiten werden zum Objekt dieses Konstrukts, sondern auch „Frauen", „Irre", „Schwule", „Behinderte", „Arbeitslose", „Straffällige", „Arme", „Alte" etc. Die Konstruierung von „Rassen" im Sinne biologisch Minderwertiger hat sich dabei heute mehr in Richtung einer bloßen „Ethnisierung" mit gleichem Effekt verändert (vgl. Holzkamp 1997: 323f.).

Kultureller Rassismus

Die Ausführungen zum strukturellen und institutionellen Rassismus verdeutlichen, dass rassistische Diskriminierungen nicht nur gegen Andere gerichtet sind, sondern vielmehr nur funktionieren können, wenn ein Gegenpol zu den Anderen aufgebaut wird. Kultureller Rassismus fokussiert genau diesen Mechanismus. Dieser Konstruktion binärer Gegensätze ist dabei, so Stuart Hall, eine notwendige und widersprüchliche Bezogenheit der verschiedenen Pole immanent (vgl. Hall 2000). Laut Hall ist für die Herstellung und Festschreibung von Differenz zentral, dass im rassistischen Diskurs zwei binär entgegengesetzte Gruppen konstruiert werden, wobei die ausgeschlossene Gruppe das Gegenteil der Tugenden verkörpert, die die machtvolle Gruppe auszeichnen (vgl. ebd: 14). Derartige Prozesse stellen eine machtvolle soziale Praxis dar, ohne dabei bestimmte Bevölkerungsgruppen offen biologistisch abzuwerten bzw. auszuschließen. So werden beispielsweise im gegenwärtigen Diskurs über „den Islam" bzw. „die Muslime" Menschen aus Nordafrika nicht diffamiert, indem ihnen biologisch begründete Charakter- oder Wesensmerkmale zugeschrieben werden. Vielmehr wird mit einer Unvereinbarkeit kultureller Verschiedenheiten argumentiert, werden kulturelle Spezifika abgewertet, problematisiert, kriminalisiert usw. Damit werden Eigenschaften von sozialen Gruppen in gewisser Weise naturalisiert und vor dem Hintergrund eines pseudobiologischen Diskurses kulturalisiert. Der gegenwärtige Rassismus kann daher, so Étienne Balibar, als „Rassismus ohne Rassen“ bezeichnet werden, als ein „Rassismus, der – jedenfalls auf den ersten Blick – nicht mehr die Überlegenheit bestimmter Gruppen oder Völker über andere postuliert, sondern sich darauf beschränkt, die Schädlichkeit jeder Grenzverwischung und die Unvereinbarkeit der Lebensweise und Traditionen zu behaupten“ (Balibar 1990: 28).

Eng mit dieser Form des Rassismus verknüpft ist der Begriff des *„Othering“*. Er geht zurück auf Gayatri C. Spivak (1985). Spivak beschreibt mit diesem Begriff Prozesse, die das im Machtdiskurs ausgeschlossene Andere hervorbringen. In ‚Wir und die Anderen' zu unterscheiden und damit aufgrund sozialer Konstruktionen von Race, Kultur, Nation oder Religion fiktive Gruppen zu entwerfen, ist ein zentrales Element von Rassismus. Mit Bezug auf Diskurse der Differenz sowie aufgrund von Klassifizierungen werden verschiedene Bevölkerungsgruppen konstruiert, unterschiedlich bewertet sowie in machtvolle und machtlose eingeteilt (vgl. Hall 2000). Othering-Prozesse ermöglichen somit sowohl die Konstruktion von Mehr- und Minderheiten, von Ein- und Ausgeschlossenen, zudem bilden sie die Grundlage, um überhaupt erst die Identität einer „überlegenen“, machtvollen (Bevölkerungs-)Gruppe zu konstituieren. So könnte man z.B. zugespitzt sagen, dass durch die Konstruktion eines kulturell unterlegenen, gefährlichen, militärisch zu unterstützenden bzw. bekämpfenden „Ostens“ der „Westen“ erst machtvoll, überlegen, kulturell weiterentwickelt usw. erscheinen kann (vgl. Said 1978).

Zusammenfassend lässt sich festhalten, dass die Wahrnehmung von Minderheiten in Race biologische, kulturelle oder religiöse Unterscheidungen aufgreift. Die Unterscheidungen werden mit dem Ziel ethnisiert, um Nachteile für die als anders identifizierten hervorzubringen. Die Andersartigkeit wird dabei zum bestimmenden Seinsmerkmal einer ganzen Gruppe phantasiert. Unterschiede innerhalb der Gruppen werden dabei nicht wahrgenommen. Rassismus kann nur in historisch-konkreter Perspektive betrachtet werden, denn „wo immer wir Rassismus vorfinden, entdecken wir, dass er historisch spezifisch ist, je nach der bestimmten Epoche, nach der bestimmten Kultur, nach der bestimmten Gesellschaftsform, in der er vorkommt“ (Hall 2000: 11). „Diese jeweils spezifischen Unterschiede“, so Hall weiter, sind zu analysieren und wir sollten daher „wenn wir über konkrete gesellschaftliche Realität sprechen, [...] also nicht von Rassismus, sondern von Rassismen sprechen“ (ebd.). Laut Holzkamp werden die jeweiligen Rassismen von den Beteiligten nicht eigens erfunden, sondern vielmehr in tradierten Formen und Ideologien angeboten, wobei im Bedarfsfall auf diese ideologischen Angebote zurückgegriffen wird und die Übernahme rassistischer Denkangebote dabei Lösungen für soziale und persönliche

Probleme suggeriert sowie Auswege aus problematischen Situationen liefert (vgl. Holzkamp 1997).

2.5.3 Gender

Die Kategorie *Gender* bezeichnet ebenso wie Race eine *soziale Konstruktion.* Das bedeutet zunächst, dass mit der Zuordnung des bei der Geburt festgelegten *biologischen* Geschlechts zugleich spezifische *kulturelle Genderannahmen* verbunden sind, gemäß derer sich Individuen „männlich" oder „weiblich" zu verhalten resp. zu fühlen haben (vgl. Bronner 2011). Unter *kulturellen Genderannahmen* wird die Existenz weit verbreiteter Vorstellungen über die Unterschiedlichkeit von Männern und Frauen verstanden, deren Hegemonialität aus der Institutionalisierung in Normen und Strukturen des öffentlichen Settings (z.B. Medien, Regierungspolitik) sowie in etablierten privaten Institutionen wie der Kernfamilie resultiert (vgl. Bronner 2011; Ridgeway/Correll 2004). Kulturelle Genderannahmen werden folglich über die Struktur- und Symbolebene (vgl. Kapitel 2.4) permanent an Subjekte herangetragen und auf der Subjektebene (re)produziert, denn „die soziale Welt ist zweigeschlechtlich strukturiert, die Differenz immer schon in die soziale Welt eingeschrieben und unsere Wahrnehmung darauf ausgerichtet, in jeder Situation Frauen und Männer zu unterscheiden" (Gildemeister 2010: 141).

Diese Wechselwirkung von Produktion und Reproduktion kultureller Genderannahmen wird vor allem innerhalb des interaktionistischen Konstruktivismus untersucht und beschrieben (vgl. Kapitel 3.3). Der interaktionistische Konstruktivismus begründet die Annahme, dass sich Genderunterschiede nicht aufgrund biologischer Prozesse quasi natürlich entwickeln, sondern in Interaktionsprozessen permanent vollziehen (vgl. z.B. Garfinkel 1967; West/ Zimmerman 1987; Hirschauer 2001). Diese analytische Fassung von Gender als ein gesellschaftlich erzeugtes und in sozialen Interaktionen immer wieder neu formiertes Phänomen anstatt einer (fixen) Identität oder Rolle richtet den Blick auf soziale Prozesse der Gender*unterscheidungen,* anstatt nach Gender*unterschieden* zu fragen (vgl. Doing Gender, Kapitel 3.3.5). Die zugrunde liegende Frage lautet nun, woraus Akteur_innen in Interaktionsprozessen ihre Handlungskompetenzen schöpfen, und wie sich individuelle bzw. gemeinsame soziale Praktiken und institutionalisierte Genderannahmen wechselseitig beeinflussen (vgl. Bronner 2011: 20ff.). Mit anderen Worten: Woher wissen wir, wie sich Frauen resp. Männer zu verhalten haben, und wie konstituiert sich solch ein genderbezogenes gesellschaftliches Wissen? Was geht also genau vor sich in Prozessen der Geschlechterunterscheidungen?

Genderunterscheidungen vollziehen sich permanent in diversen Interaktionsprozessen, wobei die Interaktionspartner_innen eine Art implizites genderbezogenes Wissen einbringen. Interaktionsprozesse sind alle Situationen, in denen Individuen sich selbst als in Beziehung zu anderen definieren, umfassen folglich sowohl alltägliche zwischenmenschliche Interaktionen des persönlichen Kontakts wie auch Interaktionen „auf dem Papier", im Internet oder mit sich selbst. Im Vorgang der sogenannten *sexuellen Kategorisierung* werden nun kulturelle Geschlechterannahmen in Interaktionen „aktiv": In persönlichen und imaginären Kommunikationen werden Individuen in Frauen und Männer eingeteilt, und zwar ohne das Sichtbarsein „biologischer Geschlechtsmerkmale", anhand derer unsere Gesellschaft Individuen als entweder „männlich" oder „weiblich" kategorisiert. Konkret bedeutet dies, obwohl kulturelle Geschlechterannahmen auf „biologischen Geschlechtsmerkmalen" beruhen, erfolgt, sobald sich Individuen als in Beziehung zu anderen definieren, eine automatische und unbewusste genderbezogene Einordnung, und zwar aufgrund gesellschaftlich als „männlich" und „weiblich" definierter Attribute wie z.B. Stimme/Tonfall, Kleidung, Verhalten, Frisur, sexuelle Orientierung. Als Mitglieder der Gesellschaft verfügen alle über ein *implizites habitualisiertes genderbezogenes Wissen.*

Hirschauer spricht zwar nicht von sexueller Kategorisierung, beschreibt den Zusammenhang von Geschlecht und Interaktionsprozessen jedoch ähnlich (vgl. 2001). Er führt aus, dass im Unterschied zu anderen sozialen Kategorien Geschlecht durch eine kulturell garantierte Sichtbarkeit bestimmt sei, die durch eine habitualisierte Praxis von Individuen in andauernden Aufführungen konstituiert werde:

> „Diese (Geschlechtszugehörigkeit, d.V.) wird nicht einfach durch eine ‚sich selbst zeigende' Konstitution der Körper, sondern durch eine kontinuierliche Darstellungspraxis gewährleistet, die weitgehend außerhalb der Disposition von Interaktionsteilnehmern liegt: Zum einen ist sie habitualisiert, zum anderen ist die Nachfrage nach der allgegenwärtigen Publizität der Geschlechtszugehörigkeit nicht nur eine Sache individueller Betrachter. Der ‚Wille zum Wissen' ist vielmehr in einer ganzen Infrastruktur institutionalisiert." (Hirschauer 2001: 214)

Gemäß Hirschauer sind Interaktionsprozessen sowohl „Aufführungen" von Gender, also auch genderbezogene Erwartungen an die Interaktionspartner_innen implizit. Dies verweist auf Judith Butlers Konzept der Performativität (vgl. 1995). Butler skizziert eine Verbindung zwischen Normen, Zwang, Macht und der ständigen Wiederholung von Geschlecht:

> „Performativität [kann] nicht [...] außerhalb einer geregelten und restringierten Wiederholung von Normen [verstanden werden]. Und diese Wiederholung wird nicht *von* einem Subjekt performativ ausgeführt; diese Wiederholung ist das, was ein Subjekt ermöglicht [...] Diese Wiederholung impliziert, dass die ‚performative Ausführung' keine ‚vereinzelte Handlung' oder ein vereinzeltes Vorkommnis ist, sondern eine ritualisierte Produktion, ein Ritual, das unter Zwang und durch Zwang wiederholt wird, unter der Macht und durch die Macht des Verbots und des Tabus bei Androhung der Ächtung [...]." (Butler 1995: 133)

Die (zwanghafte, genormte und mit Macht verbundene) Wiederholung von Gender ist für Butler folglich nicht etwas, das ein Subjekt *tut*, sondern sie versteht darunter Prozesse, die das Subjekt *konstituieren*. Indem machtvolle, genormte, institutionalisierte Genderzuschreibungen permanent auf Subjekte einwirken und zugleich von ihnen (re)produziert werden – so könnte man etwas vereinfacht sagen – werden sie ebenso habitualisiert wie institutionalisiert. Die Wirkungsweise kultureller Genderannahmen vollzieht sich dabei hochgradig selbstverständlich und in sozialen Interaktionsprozessen höchst implizit. Brüche in Prozessen der sexuellen Kategorisierung können dies verdeutlichen, so z.B. wenn es nicht gelingt, das Gegenüber geschlechtlich zuzuordnen, oder wenn Individuen sich nicht gemäß kultureller Männlichkeits- bzw. Weiblichkeitsbilder verhalten und damit Irritationen auslösen.

Den Prozessen der sexuellen Kategorisierung sind zudem normative *gegengeschlechtliche Zuordnungen* immanent. Butler spricht in diesem Zusammenhang von der kulturellen Matrix, wonach ausgehend von einer biologischen Festlegung von Individuen als männlich oder weiblich entsprechende gegengeschlechtliche sexuelle Orientierungen erwartet werden:

> „Die heterosexuelle Fixierung des Begehrens erfordert und instituiert die Produktion von diskreten, asymmetrischen Gegensätzen zwischen ‚weiblich' und ‚männlich', die als expressive Attribute des biologischen ‚Männchen' *(male)* und ‚Weibchen' *(female)* verstanden werden. Die kulturelle Matrix, durch die die geschlechtlich bestimmte Identität *(gender identity)* intelligibel wird, schließt die ‚Existenz' bestimmter ‚Identitäten' aus, nämlich genau jene, in denen sich die Geschlechtsidentität *(gender)* nicht vom anatomischen Geschlecht *(sex)* herleitet und in denen die Praktiken des Begehrens weder aus dem Geschlecht noch aus der Geschlechtsidentität ‚folgen'." (Butler 1991: 38f., Herv. i. Original)

Gender Identity entwickelt sich laut Butler nicht *durch* übergeordnete biologisch-psychische Prozesse quasi natürlich. Vielmehr entwickelt sie sich *in* einer heteronormativen Matrix und wird durch eine permanent erzwungene Wiederholung der hegemonialen Normen mittels Institutionen, Ideologien und disziplinarischen Praxen reguliert. Individuen lernen früh und permanent, ihre Geschlechtsidentität analog ihres biologisch zugewiesenen Geschlechts zu entwickeln und ihre sexuelle Orientierung entsprechend gegengeschlechtlich auszurichten. Davon Abweichendes wird als nicht der Norm entsprechend etikettiert, sogar pathologisiert oder sanktioniert.

Vor dem Hintergrund der Ausführungen zu Heteronormativität (vgl. Kapitel 2.3.2) sowie im Anschluss an Butlers Ausführungen über die kulturelle Matrix kann Sexualität als eine Kategorie der Macht analysiert werden, die als regulative Praxis und gesellschaftliches Ordnungsprinzip Individuen an der sozialen Peripherie oder im Zentrum positioniert (vgl. Hark 2005: 288). Wenn Gender, Identität und Sexualität analytisch als Einheit gefasst werden, die durch die heterosexuelle Matrix organisiert wird, so wird in sozialen Beziehungskontexten auch Heteronormativität zum vorrangig wirksamen Organisations- bzw. Klassifikationsprinzip. Als logische Schlussfolgerung ist Prozessen der sexuellen Kategorisierung somit nicht nur Zweigeschlechtlichkeit eingelagert, sondern auch Heteronormativität, denn „die performative Wiederholung normativer Geschlechtsidentitäten naturalisiert Heterosexualität“ (Jagose 2001: 110).

Zusammenfassend können kulturelle Genderannahmen als alltägliche Gendertheorien bezeichnet werden, als „umfassende Systeme von Alltagsannahmen über die Geschlechter und ihre wechselseitigen Beziehungen“ (Eckes 2010: 180). Aufgrund der (mehr oder weniger) impliziten normativen Einstellungen gegenüber den Geschlechtern sowie der Bewertungen von Individuen, die sich *nicht* gemäß kultureller Genderannahmen verhalten, orientieren o.Ä., stehen kulturelle Geschlechterannahmen in unmittelbarem Zusammenhang zu sozialer Ungleichheit. Mit dem Begriff *Sexismus* werden, kurz gefasst, geschlechtsbezogene Verhaltensweisen, Kognitionen und Vorurteile bezeichnet, die hinsichtlich der Kategorie Gender auf einen ungleichen sozialen Status von Individuen hinwirken (ebd.).

Im Anschluss an die obigen Ausführungen zu Class (vgl. Kapitel 2.5.1) können demzufolge beispielsweise die mit den kapitalistischen Produktionsverhältnissen zusammenhängenden unterschiedlichen persönlichen und ökonomischen Auswirkungen für Männer und Frauen als Sexismus bezeichnet werden, da sie für die Geschlechter verschiedene Folgen haben und, damit einhergehend, ungleichen sozialen Status nach sich ziehen: die ungleiche Bewertung von Produktions- und Reproduktionsarbeit, das Vollzeitarbeitsmodell Mann versus das Teilzeitarbeitsmodell Frau, die geringe Entlohnung von hausarbeitsnahen und pflegenden Berufen auch in der Produktionssphäre usw.

Weitere Formen des Sexismus sind z.B. die Abwertung von „Karrierefrauen“ und „Hausmännern“, das Leugnen bestehender Diskriminierung von Frauen, die Betonung traditioneller geschlechtsbezogener Rollenverteilungen o oder das Leugnen weitere Geschlechtsidentitäten als männliche oder weibliche, Sexismus dient dazu, Frauen und Männern ihre „Plätze“ zuzuweisen und somit bestehende (Macht-)Systeme zu stabilisieren.

2.5.4 Body

Wie bereits im Kapitel zur subjektiven Herrschaftssicherung erläutert, ist Körperlichkeit kein rein individuelles, sondern auch ein gesellschaftliches Projekt, um dem Individuum die Möglichkeit zu geben, seinem Geschlecht, seiner Herkunft oder seinem Alter eine Bedeutung zu verleihen. Die Kategorie Body bzw. Körperlichkeit ist gleichzeitig auch ein Prozess von Normierungen. Gesellschaftliche Normen verankern sich im Individuum bzw. werden habitualisiert. Von Bourdieu wird dieser Prozess als „Somatisierung der Herrschaftsverhältnisse“ (Bourdieu 1997: 166) und von Butler als „leibliche Einschreibung“ (Butler 2003: 190) beschrieben.

Schon Friedrich Nietzsche ging in „Ecce Homo“ oder in der „Genealogie der Moral“ der Frage nach, „wie man wird was man ist“ (Nietzsche 1999: 399). Er beschrieb den Vorgang der Mensch-Werdung als „Einverseelung“ bzw. als „Einverleibung“ gesellschaftlicher Moralvorstellungen, um Ideen unauslöschlich, allgegenwärtig, unvergessbar und fix zu machen. Die Einverleibung der herrschenden Ideen dient letztlich dazu, Herrschaftszustände mittels Gewalt über den Body zu etablieren. Für Nietzsche ist der Schmerz ein wesentliches Mittel, Herrschaftszustände einzuverleiben. Dem Körper wird dabei die soziale Ordnung „eingebrannt“, denn „nur was nicht aufhört, wehzutun, bleibt im Gedächtnis“ (Nietzsche 1999: 210). Das heißt, durch ein ständiges Eigenmonitoring und den Vergleich zu den herrschenden Normen kann der Body durch die „freiwillige Erfüllung normierter Erwartungen“ (Caysa 2003: 8) in Richtung „Soll-Form“ (Posch 1999: 77) modelliert bzw. diszipliniert werden. Die Einschreibung gesellschaftlicher Normen in den Body verdeutlicht, dass *Körperwahrnehmungen* sich an kulturellen und historischen Bedingungen, Machtverhältnissen und Leitbildern orientieren. Die Identität wird dadurch auch zur Frage des Erscheinungsbildes, die durch Lifestyle-Symbole oder Markenzeichen präsentiert wird (vgl. Krasmann 2003: 197). Die verkörperlichten gesellschaftlichen Umgangsformen werden besonders bei Kleidungen, Frisuren, Bewegungsabläufen, Kosmetika, Geschmäckern, Vorlieben, Spielzeugen, Hobbys etc. deutlich. Durch Normen wird ein Zwang in fast allen gesellschaftlichen

Bereichen hergestellt, den eigenen Body durch eine spezielle Ausformung und Sichtbarmachung permanent zu inszenieren und zu modellieren (Villa 2003: 72; Kreisky 2003: 15; Krasmann 2003: 197). Folglich lässt sich festhalten, dass *körperliche Inszenierung* nicht nur identitätsstiftend ist, sondern gleichermaßen auch normierte Körper erzeugt. Die körperliche Identität ist somit eine Unterscheidungskategorie. Ob ein Body als weiblich oder männlich, gesund oder krank, jung oder alt, dick oder dünn codiert wird, hängt damit zusammen, was gesellschaftlich als gültig anerkannt ist. Körperlichkeit wird dementsprechend ein Ort verdinglichter identitärer Erfahrung. Sprich: Die Form, die der Body annimmt, seine sinnliche Gestalt, repräsentiert gesellschaftliche Verhältnisse als dinghafte Eigenschaften eines Objekts. Objektiv deshalb, weil dem Individuum eine Welt von fertigen Identitätsangeboten gegenübersteht. Eine Bezugnahme auf ein jeweiliges Identitätsangebot ist somit eine Repräsentation gesellschaftlicher Verhältnisse (vgl. Adorno 1997: 507f.).

Die Orientierung an Bodynormen, Identitätsangeboten oder Modellierungstechniken wie z.B. Bodybuilding, Schlanksein etc. führt wiederum zu *Ein- und Ausschlussmechanismen.* Zum Beispiel werden chronisch Kranke und weniger Leistungsstarke schneller aus der Produktionssphäre ausgesondert als leistungsfähigere Arbeitnehmer_innen. Diese Mechanismen verfestigen nicht nur soziale Classes, konstruieren rassistische Diskriminierungen oder produzieren Genderverhältnisse, sondern auch Body Classes, die vor allem nach marktorientierten Vorstellungen hergestellt werden. Winker beschreibt, dass die neoliberale, an alle gleichermaßen gestellte Aufforderung, selbstständig für den eigenen Lebensunterhalt zu sorgen, vor allem für diejenigen mit hohen Belastungen verbunden sind, die unter prekären Erwerbsbedingungen oder als Erwerbslose für Kinder und/oder Pflegebedürftige verantwortlich sind (vgl. Winker 2010: 181). So führen nicht nur genderbezogene oder ethnisch ungleiche Zugänge zur Erwerbsarbeit zu unterschiedlichen Beschäftigungsverhältnissen sowie Lohndifferenzierungen. Ebenso ist vielmehr die gesellschaftliche Norm relevant, dass jede_r selbst verantwortlich für den eigenen Unterhalt und die eigene Absicherung zu sorgen hat. Diese Norm suggeriert, dass gesellschaftliche, soziale oder gesundheitliche Missstände sowie prekäre Arbeits- und Lebensumstände keine Rolle spielen, dem vorherrschenden Leistungsprinzip zu entsprechen (vgl. Winker 2010: 181).

Zusammenfassend lässt sich festhalten: durch die Herstellung von Body Classes werden Kranke, weniger Leistungsstarke, körperlich oder geistig behinderte Menschen, aber auch erwerbslose oder ältere Menschen sowie „unförmige" Körper, die dem vorherrschenden Schönheitsideal nicht entsprechen, diskriminiert. Wenn diese Diskriminierungsaspekte der Abwertung, Ausgrenzung oder der eigenen Aufwertung aufgrund körperlicher Merkmale vorliegen, kann von *Bodyismus* gesprochen werden.

2.5.5 Zusammenfassung: Kategorien sozialer Ungleichheit

Die mit den Kategorien der sozialen Ungleichheit einhergehenden Mechanismen des „Otherings", d.h., des Abwertens, Ausgrenzens, der Überhöhung der eigenen Person oder von Gruppen, lassen sich zusammenfassend als „gruppenbezogene Menschenfeindlichkeit" (Heitmeyer 2003) beschreiben. Das heißt, den Diskriminierungsformen von Klassismus, Rassismus, Sexismus, Bodyismus sowie den weiteren Erscheinungsformen wie Antisemitismus, Homophobie, Abwertung von Obdachlosen, Behinderten, Langzeitarbeitslosen etc. liegt eine generalisierte Ideologie der Ungleichwertigkeit zugrunde (vgl. Heitmeyer 2007: 21f.). Unter dieser Menschenfeindlichkeit lassen sich jene aggressiven Einstellungen und sozialen Praxen fassen, die gegen andere Menschen gerichtet sind und mit unterschiedlichen – anthropologischen, biologischen, psychologischen, kulturellen, sozialen oder religiösen – Begründungen gerechtfertigt werden.

3 Historische Entwicklung des Intersektionalitätskonzepts

Nachdem im ersten Teil dieses Bandes die theoretischen Grundlagen zum Verständnis von Intersektionalität als Analysekonzept für soziale Ungleichheit gelegt wurden, wird im zweiten Teil umfassend in das Konzept eingeführt und dessen Relevanz für die sozialarbeiterische/-pädagogische Praxis diskutiert. Dabei geht es zunächst darum, aufzuzeigen, wo die „Wurzeln" des Konzepts liegen. In diesem Zusammenhang wird auch danach gefragt, warum sich im akademischen Feld gerade der Intersektionalitätsansatz bzw. -begriff durchsetzen konnte, um das Zusammenwirken verschiedener Ungleichheitskategorien in Zusammenhang zu Macht- und Herrschaftsverhältnissen zu analysieren (Kapitel 3). Daran anschließend werden verschiedene theoretische Perspektiven auf und Zugänge für das Erfassen des Zusammenwirkens verschiedener Kategorien diskutiert sowie ein Arbeitsinstrument als Hilfsmittel für eine intersektionale Analyse vorgestellt (Kapitel 4). Die Relevanz des Intersektionalitätsansatzes für die sozialarbeiterische/-pädagogische Praxis wird abschließend in Kapitel 5 eruiert. Hier stehen Aspekte des Nutzens ebenso im Zentrum wie Herausforderungen und Fragen. Zwei Beispiele aus der Praxis Sozialer Arbeit bilden den Schluss (Kapitel 6).

Bei der folgenden historischen Nachzeichnung der Entstehung des Intersektionalitätskonzepts geht es uns darum, ein Verständnis von Intersektionalität als *Weiterentwicklung* bzw. konzeptuelle Fassung vielfältiger *vorangegangener* gesellschaftspolitischer Entwicklungen und theoretischer Debatten zu vermitteln. Der Intersektionalitätsansatz ist aus sozialen Bewegungen heraus entstanden und wird in akademischen Feldern bis heute divers aufgenommen, diskutiert und weiterentwickelt. Gemeinsamer Gegenstand ist die Analyse von Macht-, Herrschafts- und Normierungsverhältnissen, die soziale Strukturen, Praktiken und Identitäten (re)produzieren. Diese Zusammenhänge werden im Folgenden aufgezeigt. Um zu verdeutlichen, welche Debatten und Entwicklungen die Diskussionen speisten, gehen wir analog der in Kapitel 2.5 dargelegten Kategorien sozialer Ungleichheit Class, Race, Gender und Body vor. Diese „Sortierung" ist nicht unproblematisch. Zum einen kann und soll sie nicht die Realität abbilden, denn tatsächlich sind Diskussionen und Entwicklungen flüssig und vielschichtig, sie finden parallel statt, beeinflussen sich wechselseitig usw. Ebenso birgt eine derartige „Sortierung" die Gefahr einer Zuordnung bzw. Eindimensionalität (wenn z.B. der „Black Feminism" unter Race erläutert wird), obwohl es tatsächlich in den Debatten um Fragen der Zusammenhänge verschiedener Kategorien ging (so z.B. im Black Feminism um Fragen des Klassismus, Rassismus und Sexismus). Außerdem sind die Diskussionen in der deutschsprachigen Frauen- und Genderforschung von den transatlantischen Entwicklungen beeinflusst und folgen diesen zeitlich stets ca. zehn Jahre nach. Schließlich geht es nicht um eine Nachzeichnung der *gesamten* Debatten, sondern um eine Verdeutlichung der Kritik an Verkürzungen im analytischen Blick auf Macht, Herrschaft und soziale Ungleichheit bzw. um eine Darstellung der Impulse für die Erweiterung dieses analytischen Blicks.

Die folgenden Ausführungen können und wollen daher keinen Anspruch auf Vollständigkeit erheben. Der Blick zurück, der Versuch einer historischen Nachzeichnung kann stets nur ein selektiver sein, beeinflusst von der Sicht der Autor_innen und vom heutigen Blickwinkel auf vergangene Entwicklungen.

3.1 Classbezogene Perspektiven

Hausarbeitsdebatte sowie *Patriarchatsideologie* waren zwei relevante Schlagwörter der classbezogenen Diskussionen. Im Folgenden werden diese Diskussionsstränge jeweils nachgezeichnet.

3.1.1 Hausarbeitsdebatte

Mit dem Anspruch, Hausarbeit politisch zu denken, entwickelten sich in den 1960er-Jahren in anglo-amerikanischen Kreisen erste Debatten um den Zusammenhang der Kategorie Class zu weiteren Kategorien. In der sogenannten *„Hausarbeitsdebatte"* (vgl. HKWF 2003: 540f.; Molyneux 1979) ging es darum, blinde Flecken in der Kritik der politischen Ökonomie aufzuspüren. Im Wesentlichen bezog sich dieses Aufspüren der blinden Flecken auf die Fragen: Ist Hausarbeit produktive Arbeit? Profitiert das Kapital von Hausarbeit? Trägt Hausarbeit zur Mehrwertschöpfung oder zum Profit bei? In welchem Zusammenhang steht der Lohn des Mannes zur Reproduktionsarbeit seiner Frau? Sind Hausfrauen als eigene Klasse zu begreifen? (vgl. Gardiner 1976: 109f.). Damit wurde die Marx'sche Werttheorie durch die systematische Analyse der Genderverhältnisse und eine Reflexion der Rolle von Reproduktionsarbeit in der kapitalistischen Produktionsweise ausgeleuchtet (vgl. Kontos/Walser 1978). Einfacher ausgedrückt: Es ging hierbei um die Verschränkung der Ungleichheitskategorien Class und Gender. Seit Beginn der Hausarbeitsdebatte haben sich unterschiedliche Auffassungen und Verwendungen des Begriffs Hausarbeit ausdifferenziert. Gelegentlich wird Hausarbeit und Familienarbeit mit dem marxistischen Begriff der „Reproduktion der Arbeitskraft“ gleichgesetzt und dabei in psychische und physische Elemente der Wiederherstellungstätigkeiten aufgeteilt. In diesem Zusammenhang lassen sich in der Hausarbeitsdebatte ineinander verflochtene Diskursstränge erkennen, deren Gemeinsamkeit darin liegt, dass sich der Begriff der Hausarbeit ganz allgemein auf unbezahlte Tätigkeiten bezieht, die von Frauen innerhalb des Familien- bzw. Genderverhältnisses geleistet werden (vgl. Paulus 2013a: 13–45).

Für den „weißen“ Forschungszusammenhang der 1960er- bis 1980er-Jahre stand vor allem die Frage im Vordergrund, welcher Widerspruch (Kapital/Arbeit oder Mann/Frau) der Hauptwiderspruch sei. Feministische Perspektiven bezogen in diesem Zusammenhang das Verhältnis von bezahlter Erwerbsarbeit und unbezahlter Hausarbeit in ihre Analysen mit ein. Die Verschränkung von Kapitalismus und Patriarchat bzw. die Verschränkung der Produktions- und Reproduktionssphäre sowie die Diskussionen um den Haupt- und Nebenwiderspruch drehten sich auch um die Frage, ob der Marxismus die Genderfrage nur unzulänglich beantworten kann (vgl. ISMF 1984). Um die Art und Weise der Verflechtungen entbrannte eine Debatte, die darüber geführt wurde, wie bzw. ob Hausarbeit in die Marx'sche Werttheorie einzubinden sei. Fraglich blieb, ob jede Form geschlechtlicher Unterdrückung auf eine ökonomische zu reduzieren ist und dadurch ideologische und subjektive Prozesse unterbelichtet bleiben (vgl. Beer 1983: 23ff.).

3.1.2 Patriarchatsideologie

Zusammenhänge zwischen den Kategorien Gender und Class durchziehen auch die Debatten um die sogenannte Patriarchatsideologie Mitte der 1960er-Jahre. Ihr liegt die Annahme zugrunde, dass das Patriarchat als „männliches“ Macht- und Gesellschaftssystem Frauen systematisch ausbeute (vgl. Cyba 2010). Der Begriff Patriarchat steht dabei zunächst, in Anlehnung an Max Weber, für einen gesellschaftlichen Zustand der Herrschaft, den es zu bekämpfen und zu überwinden gilt. In feministischen Theorien wird Webers Naturalisierung der Geschlechterungleichheit kritisiert. Patriarchat steht hier für ein analytisches Konzept zur Erforschung sozialer Ungleichheit zwischen den Geschlechtern (vgl. Mies 1988; Hausen 1986). Die Patriarchatsideologie nun geht von einem Binärsystem aus, welches auf Essentialismus bzw. vergeschlechtlichten Identitäten aufgebaut ist: Männer werden vom Kapitalisten ausgebeutet, Frauen vom Patriarch, wobei Männer insgesamt die machtvolle Position in diesem System einnehmen. Mit dieser dualistischen Sichtweise, so eine Kritik an der Patriarchatsideologie, können *Verhältnisse innerhalb der jeweiligen Genderkategorie* nicht differenziert untersucht werden. Denn die Entwicklung der Lohnarbeit, Eigentumsverhältnisse und funktionale Sozialstrukturen, in denen eine produktive Sexualität bzw. die soziale Reproduktion gewährleistet wird, sind durch die Patriarchatsideologie ausschließlich als Verhältnis zwischen Mann und Frau gedacht. Eine weitere Kritik bezieht sich auf die Ahistorizität der Patriarchatsideologie, da sie vernachlässige, dass Formen und Verhältnisse reproduktiver Arbeiten einem permanenten historischen und diskursiven Wandel unterliegen. Die verallgemeinerte Denkweise „Frau = Hausfrau = Ausbeutung = Opfer" versus „Mann = Patriarch = Kapitalismus = Täter" muss demnach als verkürzt bezeichnet werden. Denn Klassenlagen, Verschränkungen von unterschiedlichen Unterdrückungsverhältnissen und das eigene Verhaftet-Sein in die Ideologieproduktion können nicht in die Analyse der patriarchalen Arbeitsteilung und Machtverhältnisse einbezogen werden (vgl. Paulus 2013a: 78ff.), ohne die Patriarchatsideologie ad absurdum zu führen. Aus feministischer Sicht wurden unter den Begriffen „Mittäterschaft" und „Täter-Opfer-Debatte" in den 1980er-Jahren ähnliche Diskussionen geführt (vgl. ausführlicher Kapitel 3.1.2).

Um der Vielschichtigkeit und den variablen Beziehungen zwischen Produktion und Reproduktion (ethnische Beziehungen, Altersstrukturen, sexuelle Neigungen, verschiedene Familienmodelle) gerecht zu werden, entstanden daher vor dem Hintergrund der genannten Kritik aus der feministischen Diskussion heraus neue theoretische und methodische Ansätze, soziale Ungleichheiten zu analysieren – jenseits der „vergegenständlichten" Kapitalismuskritik in Gestalt des Mannes, des männlichen Prinzips, des Täter-Opfer-Dualismus usw. (vgl. Kapitel 3.2.2).

3.2 Racebezogene Perspektiven

Die Darstellung der Kritiken der *Women of Color*-Bewegungen, der *Triple-Oppression und Mehrfachunterdrückungsthese* sowie der Debatten innerhalb des *Postkolonialismus* zeichnen im Folgenden die Diskussionsstränge innerhalb der Kategorie Race nach. Es wird deutlich werden, dass starke Bezüge zu den Kategorien Class und Gender bestehen und daher auch diese Unterteilung lediglich einen Ordnungsversuch darstellt.

3.2.1 Women of Color

Der US-amerikanische Black Feminism der 1970er-Jahre gilt als Ursprung des Intersektionalitätsbegriffs. Damals formulierten schwarze Frauen Kritik an der dortigen Bürgerrechts- sowie an der Frauenbewegung und machten damit ihre jeweiligen Exklusionserfahrungen innerhalb der Bewegungen sichtbar. Im 1982 vom *Combahee River Collective* verfassten Statement „All the Women Are White, All The Blacks Are Men, But Some of Us Are Brave“ wurde die Androzentrik der schwarzen Befreiungs- und Bürgerrechtsbewegung kritisiert, da diese die spezifischen Exklusionserfahrungen schwarzer Frauen nicht wahrnehme. Ebenso wurden Ausschlusserfahrungen schwarzer, lesbisch lebender Frauen in den damaligen feministischen Bewegungen benannt, da zuvor die Unterdrückungserfahrungen und Lebensrealitäten ausschließlich auf weiße, heterosexuell lebende Mittelschichtsfrauen bezogen wurden (vgl. Combahee River Collective 1982). Das Statement verdeutlicht die Verwobenheit von „racial, sexual, heterosexual and class oppression“ (ebd.: 13) und fordert eine analytische Fassung der Mehrdimensionalität und Komplexität der Erfahrungen von Women of Color.

Auch im deutschsprachigen Raum wurde seit den 1970er-Jahren immer wieder Kritik innerhalb der Frauenbewegung und -forschung an einer Vereinheitlichung der Kategorie Frau laut. Vor allem Migrantinnen, Jüdinnen, Lesben, Frauen mit Behinderung und Arbeiterinnen kritisierten eine Missachtung ihrer Lebensrealitäten und forderten eine Erweiterung der analytischen Sichtweisen sowie politischen Forderungen (vgl. Walgenbach 2007).

3.2.2 Triple Oppression und Mehrfachunterdrückungsthese

Diese Debatten führten spätestens ab Mitte der 1980er-Jahre innerhalb feministischer Theoriebildung zu kontroversen Debatten darüber, wie und aus welchen Gründen die Kategorie Gender in Zusammenhang mit den Kategorien Ethnizität, Class und später auch Sexualität analysiert werden kann und soll (vgl. Lutz/Herrera Vivar/Supik 2013: 10ff.). In den 1990er-Jahren wurden diese Diskussionen u.a. innerhalb der radikalen Linken und der autonomen Szene unter dem Label *Triple-Oppression und Mehrfachunterdrückungsthese* geführt. Diese Diskussionen betonen die drei Unterdrückungskategorien des Klassenwiderspruchs, Rassismus und Sexismus und führen über die bis dahin in autonomen Zusammenhängen vertretene These des Kapitalismus als Haupt-, Patriarchat und Rassismus als untergeordneter Nebenwiderspruch hinaus (vgl. Viehmann 1993). Innerhalb feministischer Bewegungen wurden Aspekte in Zusammenhang mit der Triple Oppression bzw. den Mehrfachunterdrückungsdebatten unter den Begriffen „Mittäterschaft“ sowie „Täter-Opfer-Verhältnis“ von Frauen diskutiert (vgl. Thürmer-Rohr 1987; Haug 1988). Hierbei geht es um Fragen der Mitbeteiligung von Frauen an der institutionalisierten Herrschaft des Patriarchats und um die These, dass Frauen in der patriarchalen Kultur Werkzeuge entwickeln und sich zu Werkzeugen machen lassen, mit denen sie das System stützen und zu dessen unentbehrlichen Bestandteil werden können.

Wenngleich diese verschiedenen Diskussionsstränge den Blick auf soziale Ungleichheit erweiterten, blieb der analytische Blick auf das Zusammenwirken mehrerer Ungleichheitskategorien vage. Vor allem an der Mehrfachunterdrückungsthese wurde kritisiert, sie „addiere“ die verschiedenen Ungleichheitskategorien, anstatt deren je spezifisches Zusammenwirken zu fokussieren.

3.2.3 Postkonolialismus

Schließlich ist im Hinblick auf Debatten um die Wirksamkeit verschiedener Kategorien und die Relevanz deren Zusammenwirkens die postkoloniale Kritik zu nennen. Im Fokus der Postcolonial Studies stehen – grob gesagt – Rassismus und westliche Dominanz, Ausbeutungs- und Unterdrückungserfahrungen in Zusammenhang mit Fragen hinsichtlich der Folgen der Kolonialisierung bzw. deren Ende, und zwar auf Seiten der Kolonialisierten wie der Kolonisierenden. Während Frantz Fanons Ansatz meist als wichtiges Werk des Postkolonialismus angeführt wird (vgl. 1966), sind es vor allem diverse feministische Arbeiten innerhalb des Postkonolialismus, in denen Fragen um Unterdrückung und Dominanz, Macht- und Herrschaft im Zusammenhang mit Ungleichheitskategorien wie Gender, Race, Class und Sexuality weitergeführt wurden (vgl. z.B. Lorde 1984; hooks 1984; Mohanty 2002). Im Fokus steht die Kritik am Universalismus weißer, heterosexuell lebender Mittelschichtsfrauen innerhalb des westlichen Feminismus, welcher die Erfahrungen minorisierter Frauen (vor allem schwarze Frauen, Frauen aus der Arbeiter_innenklasse sowie Migrantinnen) ausblende. In dieser Kritik werden bereits Ende der 1970er-Jahre mehrere Ungleichheitskategorien wie Sexuality, Gender, Race, Class zusammengedacht, jedoch noch nicht unter dem Begriff „Intersektionalität“.

3.3 Genderbezogene Perspektiven

Die Kategorie Gender ist von festsitzenden Alltagstheorien über die Unterschiede zwischen Männern und Frauen gekennzeichnet. Die Untergliederung der folgenden Ausführungen spiegelt dementsprechend die theoretischen Debatten um die Frage des Zusammenhangs zwischen gesellschaftlich konstruierter Zweigeschlechtlichkeit und individuellen Denk- und Handlungsmustern.

3.3.1 Differenzparadigma

Im deutschsprachigen Raum entwickelte sich die Frauenforschung innerhalb der Soziologie und Erziehungswissenschaft ca. ab den 1960er-Jahren. Hintergrund waren Erfahrungen gesellschaftlicher Diskriminierung und Ungleichbehandlung sowie Ausschlusserfahrungen von Frauen innerhalb des Wissenschaftsbetriebs. Die ersten empirischen Forschungen über Frauen waren überwiegend vom sogenannten Differenzparadigma geprägt. Theoretisch wurde von einer *grundsätzlichen Verschiedenheit von Männern und Frauen* ausgegangen. Diese sogenannte Genderdifferenz wurde mit unterschiedlichen Sozialisationsbedingungen, Problemlagen und Handlungsstrategien begründet und daraus wiederum ein positiv bewertetes „Anderssein" von Frauen abgeleitet. Forderungen nach gleichen Rechten und nach gerechten Strukturen stützten sich, so könnte man sagen, auf die Darstellung von Frauen als „anders", aber „gleich gut". Die Kritik von Seiten der Frauenbewegung an gesellschaftlichen Verhältnissen sowie die Forderungen nach deren Veränderung verdeutlichten, dass wenig theoretisches Wissen über Lebensrealitäten von Frauen existierte. Bisherige Forschungen und Theorien über „Menschen", so die Feststellung und Kritik, produzierten bisher im Grunde Wissen über einen angenommenen Mainstream von Männern. Frauenforschung verfolgte vor diesem Hintergrund zwei miteinander zusammenhängende Anliegen: zum einen eine wissenschaftskritische Perspektive, die das Ausblenden und Nichtwahrnehmen der Lebensrealitäten von Frauen in Wissenschaft und Forschung aufdeckte, nachwies und kritisierte. Zum anderen sollte genau diese Lücke durch gesellschaftsanalytische Forschungen „geschlossen" werden. Es entstanden erste Forschungen über Frauen, über ihr Denken und Handeln, über ihren Alltag. Themen wie Familienarbeit, Ausschluss aus der Erwerbsarbeit, Unrechtserfahrungen, usw. standen dabei im Fokus. Erstmals wurden Biografien von Frauen erforscht und Lebensrealitäten nachgezeichnet. Diese differenztheoretische Sicht auf Gender führte zunächst dazu, Lebensrealitäten von Frauen überhaupt erstmals empirisch zu erfassen. Dies war ein

Novum, es entstanden tatsächlich die ersten wissenschaftlichen Untersuchungen über Frauen. Aufgrund der dem differenztheoretischen Analyseblick innewohnenden Essentialisierung von Zweigeschlechtlichkeit wurde diese theoretische Fassung von Geschlecht innerhalb der Frauenforschung jedoch allmählich mehr und mehr problematisiert (vgl. exemplarisch Bilden 1980; Gilligan 1984).

3.3.2 Konstruktivismus

Vor dem Hintergrund der Kritik dieses essentialistischen und geschlechterdualistischen Denkens innerhalb der Frauenforschung der 1970er- und 1980er-Jahre ist die Entwicklung der strukturorientierten Gesellschaftskritik zu verstehen. Gender, damit verbundene Eigenschaften, Fähigkeiten usw. werden nicht mehr als naturgegeben betrachtet. Vielmehr wird Gender als *historisch und kulturell wandelbare Strukturkategorie gefasst*. Der von Gudrun-Axeli Knapp geprägte Begriff von Geschlecht als Platzanweiser (vgl. Knapp 1987: 292) verdeutlicht den Zusammenhang zwischen gesellschaftlichen Strukturen und Gender. Knapp beschreibt, wie Frauen und Männern zunächst allein aufgrund ihrer mit der Geburt festgelegten Geschlechtszugehörigkeit unterschiedliche „Plätze" in der Gesellschaft zugewiesen oder verweigert werden. Diese Zuweisungen hängen wiederum mit meist impliziten, aber machtvollen gesellschaftlichen Strukturen zusammen. Beispiele hierfür sind, dass Zugänge zu Ressourcen, Sozialisationsbedingungen, Berufswahl, Familienpolitik usw. kulturell organisiert und Genderarrangements gesellschaftlich definiert sind (vgl. die Ausführungen unter „kulturelle Geschlechterannahmen" in Kapitel 2.5.3). Damit richtet sich der analytische Blick zudem nicht mehr wie beim Differenzparadigma allein auf eine Genderkategorie (Forschungen über „die" Frauen), sondern auf Genderverhältnisse.

3.3.3 Kritische Männerforschung

Ebenfalls in den 1980er-Jahren entstanden erste Forschungen von Männern über Männer (vgl. z.B. Connell 1995; Meuser 2010). Hintergrund waren Disziplinierungs- und Normierungsprozesse unter Männern sowie damit zusammenhängende Verletzungserfahrungen und Hierarchien. Wie in den Anfängen der Frauenforschung wurde hier also ebenfalls eine Genderkategorie erforscht und zunächst nicht nach Genderverhältnissen gefragt. Allerdings wurden innerhalb der Genderkategorie „Mann" die Verhältnisse zwischen Männern fokussiert, indem mit dem Konzept der hegemonialen Männlichkeit Unterschiedlichkeiten zwischen Männern und damit zusammenhängende Diskriminierungen und Unrechtserfahrungen analysiert wurden (vgl. Connell 1999).

3.3.4 Sex-Gender-Unterscheidung

Die Unterscheidung von Sex (als biologisches, anatomisches Geschlecht) und Gender (als kulturelle, gesellschaftlich zugeschriebene Dimensionen von Geschlecht) ist ebenfalls eine Folge der Kritik an essentialistisch begründeten Genderunterschieden der 1970er-/1980er-Jahre. Die analytische Sicht auf Gender als sozial konstruierte, auf gesellschaftlich zugeschriebene „Geschlechtsmerkmale" machte es möglich, *Geschlechterdifferenzen und -hierarchien jenseits biologistischer Auffassungen* zu begründen und damit auch als veränderbar darzustellen (vgl. Degele 2008).

Die Sex-Gender-Unterscheidung hatte eine wichtige politische Funktion hinsichtlich der Kritik an Ungleichheit generierenden Hierarchien zwischen den Geschlechtern. Allerdings führte sie aufgrund des Festhaltens an einem biologisch-anatomischen Geschlecht (Sex) nicht zur Überwindung von naturalistisch begründeten Genderdifferenzen. Denn dass auch die scheinbar natürliche Verbindung von Anatomie und Geschlecht (Penis = Mann, Klitoris/Gebärmutter = Frau) eine soziale Konstruktion ist, stand zunächst nicht im analytischen Fokus. Der Begriff Sex, so die Kritik, lässt eine ausschließliche Zuordnung in zwei Geschlechter aufgrund körperlicher Merkmale als natürlich erscheinen. Damit wird ausgeblendet, dass diese Einteilung ebenfalls ein sozialer Akt ist. Denn die Kategorien Frau/Mann sind dualistisch und ausschließlich, d.h. es gibt nur diese beiden Kategorien, Individuen können nur entweder das eine oder das andere sein bzw. sie müssen es sein, wollen sie nicht aus der Norm fallen (vgl. Feministische Studien 1993).

3.3.5 Doing Gender

Mit der Fokussierung auf soziale Prozesse der Genderunterscheidungen innerhalb der interaktionistischen Genderforschung wurde es möglich, „Natur" nicht zum Ausgangspunkt binärer Geschlechterkategorisierungen zu nehmen. Der von Candace West und Don Zimmerman geprägte Begriff des Doing Gender (vgl. 1987) sowie Judith Butlers Ausführungen zum Gender als Performativität (vgl. Butler 1991) fassen theoretische Debatten und empirische Erforschungen zu *Gender als permanent stattfindender Herstellungsprozess, als Aufführungspraxis, als alltäglich routiniertes Tun*. Der analytische Blick richtet sich weniger auf strukturelle Genderunterschiede (Frauen und Männer sind verschieden aufgrund gesellschaftlicher Strukturen), im Zentrum stehen vielmehr interaktionistische Genderunterscheidungen selbst (Wie kommen solche Strukturen zustande? Wie wirken sie auf individuelles Denken und Handeln ein, und wie werden sie dadurch wiederum (re)produziert?). In Interaktionen vollzieht sich, kurz gesagt, der Prozess des Doing Gender, indem implizite, kulturelle Genderannahmen von den Interaktionspartner_innen in Form von Erwartungen an das Gegenüber herangetragen sowie hinsichtlich eigener Verhaltensorientierungen „aufgeführt" werden (vgl. Kapitel 2.5.3). Gender ist also kein Merkmal, sondern eine interaktive und situationsspezifische Konstruktionspraxis.

Butler entwarf Anfang der 1990er-Jahre ein performatives Modell von Gender, in dem die Kategorien „männlich" und „weiblich" ein Ergebnis von wiederholten, gesellschaftlich überformten genderstereotypen Praxen sind. Gender wird nicht als „natürlich", sondern als Materialisierung verstanden. Butler verdeutlicht hierbei die wechselseitige Verschränkung von Subjekt, Diskurs (s.u.) und Macht. Bodys, so Butler weiter, können sich nie unabhängig von der gesellschaftlich-kulturellen Form materialisieren (vgl. 1991). Dieser Blickwinkel führt zu der erkenntnistheoretischen Einsicht, dass selbst die biologische Begründung der Kategorien „Mann/Frau" dekonstruierbar ist.

Der analytische Blick auf Herstellungsprozesse von Gender wurde 1995 von Candace West und Sarah Fenstermaker auf weitere ungleichheitsgenerierende Kategorien erweitert (vgl. 1995). Mit dem Begriff bzw. Ansatz des *Doing Difference* relativieren sie die dem Doing-Gender-Ansatz zugrunde liegende Annahme der Omnirelevanz von Gender und erweitern die Perspektive auf Race und Class. Angestoßen wurde diese Perspektivenerweiterung wiederum in sozialen Bewegungen, die Kritik übten an Genderforschungen und -theorien, welche sich auf heterosexuelle, weiße, der Mittelschicht angehörende Frauen beziehen und damit wiederum Ausgrenzungen vollziehen und Dominanzkulturen schaffen (vgl. Rommelspacher 1995).

3.3.6 Dekonstruktivismus

Mit dem o.g. strukturorientierten und interaktionistischen Konstruktivismus kann erklärt werden wie sich Genderunterscheidungen vollziehen und schließlich strukturell verankern. Kritisierbar daran ist die Ausblendung von Fragen nach Interessen, Macht und Herrschaft. Innerhalb des diskurstheoretischen Dekonstruktivismus geht es nun darum, zu verstehen, *wie sich kategoriale Bedeutungsgehalte konstituieren* und wie diese in der Folge dekonstruiert werden können. Indem soziale Ordnungen auf der Ebene von Sprache (nicht von Interaktions- oder Strukturzusammenhängen) untersucht und dekonstruiert werden, rückt die Frage ins Zentrum, welche Ideologien und Machtansprüche sich hinter scheinbar eindeutigen

Bedeutungen „verbergen". Dekonstruktivistische Ansätze wurzeln im Poststrukturalismus (vgl. Derrida 1972), welcher von der Annahme ausgeht, dass hegemoniale, durch Normen und Zwänge geprägte Machtverhältnisse in Diskursen zum Ausdruck kommen und Wirklichkeit schaffen. Dies wiederum vor dem Hintergrund, dass sich in und durch Diskurse Realität konstituiert und Wissen manifestiert. Durch die Untersuchung von Diskursen können diese als Macht- und Herrschaftstechniken dekonstruiert werden. Dekonstruktivistischen Analysen, so könnte man sagen, geht es vor allem um Bedeutungen und um Nicht-Gesagtes (vgl. Derrida 1974; Foucault 2001a). Butler macht genau dies, wenn sie an der Sex-Gender-Unterscheidung offenlegt bzw. dekonstruiert, dass auch Sex als anatomische Gegebenheit kulturell geprägt ist, ohne dass dies innerhalb der Geschlechterforschung expliziert würde (vgl. 1991). Zweigeschlechtlichkeit beruht vor diesem Hintergrund auf einer sozial konstruierten Realität und kann als symbolische Ordnung identifiziert werden, welche ein Produkt von Normierungs- und Wahrnehmungspraxen ist.

3.3.7 Heteronormativität

Spätestens ab den 1990er-Jahren wird mit der Queertheorie der analytische Blick innerhalb „der" Genderforschung differenziert erweitert. Unter anderem wird ein Zusammenhang zwischen *geschlechtlicher Zuordnung und der damit einhergehenden normativen gegengeschlechtlichen sexuellen Orientierung* hergestellt. Individuen sind damit aufgrund gesellschaftlicher Genderzuschreibungen nicht nur aufgefordert, sich gemäß „weiblicher/männlicher" Zuschreibungen zu verhalten. Sie erfahren zudem, dass analog ihres biologisch festgestellten Geschlechts eine heterosexuelle Orientierung von ihnen erwartet wird (vgl. Hark 2010). Dabei geht es nicht um individuelle Entscheidungen, sich mit oder gegen die heterosexuelle gesellschaftliche Norm zu verhalten. Vielmehr wird Heterosexualität als Teil eines machtvollen heteronormativen Systems betrachtet, welches „als grundlegende gesellschaftliche Institution durch eine Naturalisierung von Heterosexualität und Zweigeschlechtlichkeit zu deren Verselbstverständlichung und zur Reduktion von Komplexität beiträgt" (Degele 2008: 89). Heteronormativität ist demnach sowohl in Form von Denk- und Handlungsmustern in Individuen verankert als auch in gesellschaftlichen Strukturen wie der Ehe, der Rechtsprechung, der Altersvorsorge usw. Der Begriff der Heteronormativität verdeutlicht (und kritisiert) erstens, dass das Geschlechtersystem als natürlich erscheint und ausschließlich zweigeschlechtlich organisiert wird und zweitens dass dabei Heterosexualität als naturgegeben definiert wird. Zugespitzt heißt das: In unserer Gesellschaft werden lediglich zwei Geschlechter akzeptiert, und diese haben sich in ihrer Sexualität aufeinander zu beziehen. Wenngleich mittlerweile vermehrt über Transsexualität diskutiert wird, so bedeutet das kein Überwinden dieses zweigeschlechtlichen Denkens, beinhalten diese Diskussionen doch meist Aspekte wie geschlechtsumwandelnde Operationen und hantieren mit Beschreibungen wie „sich im falschen Körper befinden“. Damit bewegen sich diese Diskurse innerhalb einer heteronormativen Logik.

3.4 Bodybezogene Perspektiven

In Kapitel 2.5.4 wurde Body als gesellschaftliche Kategorie beschrieben und erläutert, wie sich gesellschaftliche Normen in den Körper einschreiben und sich Körperwahrnehmungen an kulturellen und historischen Bedingungen, Machtverhältnissen und Leitbildern orientieren. Die Relevanz von Body als soziale Kategorie war und ist im Prinzip allen Diskussionen um Gender, Race und Class immanent, wenngleich nicht (immer) explizit formuliert. Doch die Analyse von Relevanzen und Wirksamkeiten sozialer Kategorien bezieht vielmals den körperlichen Aspekt mit ein, denn ob Individuen als Frau, Mann, Trans*, Schwarze_r, Weiße_r, Arbeiter_in, Akademiker_in usw. wahrgenommen werden (wollen) und welche Folgen dies hat, weist stets eine Relevanz zu Körperlichkeit auf.

3.4.1 Body als Strukturkategorie

Winker und Degele (2007, 2009) setzen Body als vierte Strukturkategorie neben Class, Gender und Race und begründen dies mit dem steigenden Leistungsdruck der neoliberalen kapitalistischen Gesellschaft, aufgrund dessen ein junger, leistungsbereiter, gesunder Körper immer wichtiger wird (vgl. Kapitel 2.5.4). Diese konsequente und explizite Formulierung von Body als Strukturkategorie ist relativ neu. Allerdings wurde Body als soziale Kategorie vor allem in den Behindertenbewegungen verschiedener Länder seit den 1970er-Jahren thematisiert und dabei stets in Zusammenhang mit weiteren Kategorien gedacht. Im Folgenden werden daher die wesentlichen Argumente dieser Bewegungen kurz skizziert.

3.4.2 Disability Studies/Behinderung/Krüppelbewegung

Die Behindertenbewegungen entstand unabhängig voneinander Ende der 1970er-Jahre in den USA sowie in Großbritannien. Wie bei Gender, Race und Class war eines der Hauptanliegen, „Behinderung“ als soziales Modell zu thematisieren, mit welchem der Fokus verlagert werden konnte: Anstatt

Behinderungen als *individuelle* Defizite, Schädigungen oder biografische Tragödien zu sehen, verlagerte sich der Fokus auf Behinderung als *gesellschaftlich hergestellte Kategorie*. Mit anderen Worten: Nicht die „Behinderten“ sind oder haben ein Problem, sondern die Gesellschaft macht ihnen Probleme durch Definitionen und strukturelle sowie räumliche Gestaltungen von Normalität (vgl. z.B. Köbsell 2012).

Wie bei Gender und Race waren politische Bewegungen und Forderungen der Motor bzw. die Grundlage für die Beschäftigung mit dem Thema im akademischen Feld (in Deutschland mit den Disability Studies ab den 2000er-Jahren). Sowohl in den Behindertenbewegungen wie in den akademischen Diskursen werden dabei mehrere Kategorien thematisiert, so etwa Sexualität und Behinderung oder Geschlecht und Behinderung. Die Disability Studies sehen sich selbst als „in der Tradition der gender, race und critical culture studies, die alle ebenfalls politische, interdisziplinäre Studiengänge zu den jeweiligen sozialen Phänomenen sind“ (Köbsell 2012: 42). Ein Zusammendenken mehrerer Kategorien sowie deren Zusammenhang zu gesellschaftlichen Ungleichheitsebenen sind demnach den Behindertenbewegungen resp. den Disability Studies immanent. Das Aufkommen des Intersektionalitätsbegriffs führte jedoch (auch) in den Disability Studies zu konsequenteren Analysen der Verschränkungen/des Zusammenwirkens mehrerer Ungleichheitskategorien.

3.5 Zusammenfassung der Perspektiven

Die Darstellung der „Vorläufer“ der Debatten um Intersektionalität ist an dieser Stelle – bei aller Verknappung und historischer „Glättung“ – in der Gegenwart angekommen. Es wurde deutlich, dass theoretische Entwicklungen, analytische Prioritäten, Forschungsinteressen usw. stets in Bewegung waren bzw. sind und dass ein Zusammendenken mehrerer Ungleichheitskategorien nicht neu ist. So ist auch das Intersektionalitätskonzept sicher nicht das „Ende“ oder „die“ Lösung der Analyse sozialer Ungleichheit. Vielmehr wird das Konzept seit seiner Aufnahme im akademischen Feld kritisch diskutiert und weiterentwickelt.

Abschließend scheint noch eine Anmerkung hinsichtlich des „Verhältnisses“ bzw. Einflusses von Intersektionalitätstheorien auf weitere für die Soziale Arbeit relevante Theorien angebracht. So kann bzw. muss gesagt werden, dass die Bedeutung von Class, Gender, Race und Body sowie weiterer sozialer Ungleichheitskategorien in theoretischen Weiterentwicklungen, z.B. in Sozialisations- und Biografietheorien, in Professionstheorien usw., davon abhängt, wie „ungleichheitssensibel“ Wissenschaftler_innen sind. Im sogenannten Mainstream der Sozialwissenschaften gelten vor allem Gender und Race nach wie vor als Spezialthemen und werden soziale Ungleichheitskategorien als nur für bestimmte Problembereiche, Adressat_innengruppen oder Handlungskonzepte relevant erachtet. Sabla und Plößer drücken dies sehr treffend aus, wenn sie konstatieren:

> „Die seit den 1970er Jahren zu verzeichnende Aufnahme der Genderthematik in sozialer Theorie und Praxis kann jedoch nicht darüber hinwegtäuschen, dass Genderperspektiven nach wie vor bei Studentinn*en, Praktikerinne*n und Forscherinne*n den Ruf eines ‚Spezialthemas' haben, das als solches zwar berücksichtigt werden kann oder sollte, den Bezug zu bisherigen Theoriediskussionen Sozialer Arbeit aber eher vermissen lässt. Umgekehrt kann ebenso häufig festgestellt werden, dass in bisherigen theoretischen Diskursen Sozialer Arbeit gendertheoretische Bezüge die Ausnahme bilden, obwohl '[d]ie Ausblendung von Geschlecht und anderen sozialen Differenzen [...] zentrale Ansätze der Sozialen Arbeit' (Bütow/Munsch 2012, S. 12) betrifft" (Sabla/Plößer 2013: 8).

Die Autor_innen verweisen deutlich auf die Tatsache, dass der Blick auf Gender (und auch auf weitere Kategorien) als „extra", als „speziell", als „nicht unbedingt mitzudenken" eingestuft wird. Erklärungen hierfür gibt es viele – allerdings würde es zu weit führen, in diesem Rahmen näher darauf einzugehen. Aber – so viel sei angemerkt – ebenso wie allgemein in der Gesellschaft, so ist auch der Wissenschaftsbetrieb von Macht- und Herrschaftsstrukturen durchzogen, die Ungleichheit, Ein- und Ausschlussprozesse bewirken.

Um die historische Entwicklung des Intersektionalitätskonzepts abzurunden, werden im nächsten Abschnitt Hintergründe und Intensionen der „Wortschöpferin" der Kreuzungsmetapher, Kimberlé Crenshaw, erläutert.

3.6 Intersektionalität nach Kimberlé Crenshaw

Wie bereits mehrfach erwähnt, ist Intersektionalität bzw. eine intersektionale Perspektive auf soziale Ungleichheit und Diskriminierung in sozialen Bewegungen entstanden und wurde erst einige Zeit später vom akademischen Umfeld aufgenommen. Das Zusammenwirken mehrerer Kategorien als Möglichkeit, die Dimensionen sozialer Ungleichheit zu thematisieren, ist, wie in Kapitel 3 beschrieben, bereits Ende der 1960er-Jahren im Umfeld des „Black Feminism" diskutiert worden (vgl. z.B. hooks 1984; Combahee River Collective 1982; Davis 1982). Schwarze Frauen innerhalb der Bewegungen des Black Feminism und der Critical Race Theory übten Kritik an einem Feminismus, der sich fast nur an weißen, westlichen, heterosexuellen Mittelschichtsfrauen orientierte. Auch im deutschsprachigen Raum gab es seit den 1970er-Jahren immer wieder Kritik von Frauen innerhalb der Frauenbewegung/-forschung an einer „Fassung" der Kategorie Frau als Einheit, anstatt auf Vielfalt und Heterogenität einzugehen. Viele Frauen wie z.B. Migrantinnen, Jüdinnen, Lesben, Frauen mit Behinderung usw. fühlten sich und ihre Lebensrealitäten nicht gesehen. Die Kritik weißer Feministinnen am Kapitalismus als patriarchales Modell und die Frage nach dem Verhältnis von Gender und Class als Kategorien sozialer Ungleichheit griff damals für schwarze Feministinnen bzw. für „People of Color" zu kurz. Sie kritisierten, dass sich weiße feministische Theoretikerinnen nicht mit den Unterschieden *zwischen* Frauen befassten und sich nicht um die Tatsache kümmerten, „dass die Frauen, die ihre Häuser putzen und ihre Kinder hüten, während sie selbst Konferenzen über feministische Theorie besuchen, größtenteils arme und farbige Frauen sind" (Lorde 1984: 112). Ironie dieser Kritik war, dass diese im hegemonialen feministischen Diskurs lange Zeit nicht wahrgenommen wurde. Ähnlich wie Männer gesellschaftlich scheinbar das unmarkierte Geschlecht darstellen (also als Mainstream, als „der Mensch" gelten und damit Frauen ausblenden), so schien der Feminismus nur eine Hautfarbe zu kennen: Weiß (vgl. Groß 2007).

1989 führte die US-amerikanische Juristin Kimberlé Crenshaw den Begriff *Intersection* ein. Dieser verdeutlicht, dass für schwarze Frauen sexistische und rassistische Diskriminierungserfahrungen nicht voneinander zu trennen, sondern komplex miteinander verschränkt sind. Hintergrund waren Crenshaws Erfahrungen innerhalb der Justiz. Dort sind Diskriminierungen schwarzer Frauen entweder unter der Kategorie Gender (Frau) oder aber unter der Kategorie Race (Schwarz) verhandelt worden – anstatt diese Kategorien als miteinander verschränkt zu betrachten. Dazu Crenshaw selbst:

> „Manchmal ähnelt die Diskriminierung Schwarzer Frauen derjenigen Weißer Frauen; manchmal machen sie hingegen ähnliche Erfahrungen wie Schwarze Männer. Oft jedoch machen sie eine doppelte Diskriminierungserfahrung – sie spüren die kombinierten Effekte von Diskriminierungspraktiken aufgrund von ‚Rasse' und aufgrund von Geschlecht. Und manchmal machen sie auch die Erfahrung, als Schwarze Frauen diskriminiert zu werden – eine Erfahrung, die eben nicht einfach nur die Summe von rassistischer und sexistischer Diskriminierung ist. Die Erfahrungen Schwarzer Frauen sind also viel breiter, als dass sie mit den allgemeinen Kategorien, die der Diskurs über Diskriminierung bereitstellt, erfasst werden könnten. Dennoch wird immer

> noch darauf bestanden, dass die Ansprüche und Bedürfnisse durch analytische Kategorien ‚gefiltert' werden müssten, die ihre Erfahrungen vollkommen ausblenden – so dass ihre tatsächlichen Belange selten diskutiert werden." (Crenshaw 2010: 40)

Crenshaw geht es sowohl darum, die Kategorien Gender und Race nicht *isoliert* voneinander zu betrachten, um Erfahrungen schwarzer Frauen zu verstehen, als auch darum, dass sie nicht einfach *summiert* werden können. Obwohl sie als Schwarze von rassistischen und als Frauen von sexistischen Diskriminierungen gleichzeitig betroffen sind, so sind ihre Diskriminierungserfahrungen vielfältiger als das, was durch die eindimensionalen „Kategorienfilter" Gender und Race interpretiert werden kann. Mit dem Begriff *Intersection* (engl. Überschneidung, Schnittmenge, Kreuzung) verwendet Crenshaw das Bild der *Straßenkreuzung*, um die Verschränkung der Diskriminierungserfahrungen zu verdeutlichen:

> „Es kommt gerade darauf an, dass Schwarze Frauen auf verschiedene Arten Diskriminierung erfahren können ... Nehmen wir als Beispiel eine Straßenkreuzung, an der der Verkehr aus allen vier Richtungen kommt. Wie dieser Verkehr kann auch Diskriminierung in mehreren Richtungen verlaufen. Wenn es an einer Kreuzung zu einem Unfall kommt, kann dieser von Verkehr aus jeder Richtung verursacht worden sein – manchmal gar von Verkehr aus allen Richtungen gleichzeitig." (ebd.)

Um dieses Kreuzungsbild nicht zu statisch und das Zusammenwirken verschiedener Kategorien „flüssiger" und komplexer erscheinen zu lassen, regen wir das Bild des *Kreisverkehrs* an. In einen Kreisverkehr können zu unterschiedlichen Zeiten verschiedene Kategorien „einfahren" und auf spezifische Weise zusammenwirken (also um die Mitte fahren). Weiter können einzelne Kategorien den Kreisverkehr wieder verlassen, wodurch sich das Zusammenwirken der verbleibenden Kategorien wieder anders gestaltet. Neue Kategorien können wieder „einfahren" usw.

Es muss angemerkt werden, dass das Bild der Straßenkreuzung resp. des Kreisverkehrs zugleich zu veranschaulichen wie zu reduzieren vermag. Zunächst kann das Kreuzungsbild demonstrieren, wie verschränkt und komplex sich das Zusammenwirken von Kategorien gestaltet. Allerdings gelten im Straßenverkehr klare Regeln, die den Verkehrsteilnehmer_innen bekannt sind und die das „Fahren um die Mitte" ordnen. Dies ist beim verschränkten Zusammenwirken von Kategorien nicht der Fall. Hier gibt es keine Anordnungen, keine Regeln, keine klar definierten Abfolgen.

Für die Analyse der Diskriminierungserfahrungen einer Person in einer spezifischen Lebenssituation ist es notwendig, zunächst auf die Kreuzung zu schauen, in welcher die Kategorien *„verkehren“*: Zunächst „fährt“ jede Kategorie „ein“. Hier braucht es ein Wissen um die gesellschaftliche Bedeutung jeder einzelnen Kategorie: Welche gesellschaftlichen Zuschreibungen, Bilder, Rechte usw. „transportiert“ jede einzelne Kategorie, und welche Macht- und Herrschaftsaspekte sind ihr inhärent? (vgl. Kapitel 2.5). So kann z.B. gefragt werden, welche Rolle es spielt, ob die Person männlich oder weiblich oder inter-/trans-/cissexuell ist, welche Bedeutung ihre sexuelle Orientierung im konkreten Lebenszusammenhang spielt und wie dies in aktuellen gesellschaftlichen Diskursen bewertet wird. Welche Zuschreibungen hinsichtlich der Kategorie Race sind wirksam, und ziehen diese eher Vor- oder Nachteile nach sich? Ist die Religionszugehörigkeit anerkannt oder eher vorurteilsbehaftet in unserer Kultur? Wie alt ist die Person, und welche Bedeutung hat das in der konkreten Situation? usw.

Ohne einen intersektionalen Blick würden wir hier nun „stehenbleiben“ und lediglich schauen, welche Kategorie wie relevant ist und somit mehr oder weniger bedeutsam für die Diskriminierungserfahrung. Wir würden vielleicht den Schluss ziehen, dass die Religionszugehörigkeit der Grund ist für eine Stellenabsage, dass Alter und Geschlecht der Person dabei jedoch eine untergeordnete Rolle spielen. Dies wäre eine von Crenshaw kritisierte isolierte Sicht. Oder wir würden interpretieren, dass Race (z.B. Religionszughörigkeit) und Gender (z.B. weiblich) zusammen bedeutsam sind, Body (z.B. Alter) aber weniger. Damit würden wir summieren. Genau dies wird von Crenshaw kritisiert. Mit dem Begriff und Bild der Intersektionalität macht sie deutlich, dass es auf das *Zusammenwirken* und die *Verschränkung aller (offensichtlichen und weniger offensichtlichen) Kategorien* ankommt. Wollen wir z.B. die Ursache der Erfahrung sexueller Gewalt oder beruflicher Diskriminierung analysieren, so ist es ein Unterschied, ob die betroffene Person männlich, weiß, 60 Jahre alt und Christ ist; oder ob sie männlich, schwarz, 20 Jahre alt und Christ ist; oder ob es eine osteuropäische, 20-jährige, transsexuelle Muslimin ist. Es geht darum, herauszufinden, was das Zusammentreffen *aller* Kategorien *in der spezifischen Situation* bewirkt und welche weiteren Kategorien womöglich noch relevant sein könnten. Wenn wir uns eine Kreuzung als Kreisverkehr vorstellen, so fahren alle Kategorien ein und es gilt nun, zu analysieren, wie sich das gemeinsame Fahren um die Mitte für die betreffende Person „auswirkt“.

In diesen angedeuteten Beispielen lässt sich zudem der Zusammenhang zu Macht- und Herrschaftsverhältnissen veranschaulichen. In Kapitel 2.3 wurden Herrschaftsverhältnisse als Einengung bzw. Verunmöglichung des Handlungsspielraums von Individuen beschrieben, Machtverhältnisse als indirekte und vermittelte „Führung“ bestimmter Menschen über andere. Es wurde deutlich, wie der ideologische Staatsapparat über politische Rahmenbedingungen und soziale Formen gesellschaftliche Praxen reguliert, und zwar über Gesetze und Verordnungen, über institutionalisierte Kompromisse und gesellschaftliche Zustimmung, über institutionelle Formen wie Familie, Ehe, Haushalt sowie über gesellschaftliche Normen wie die der Heteronormativität (vgl. ausführlich Kapitel 2.3.1).

Um auf die obigen Beispiele zurückzukommen, so kann vor diesem Hintergrund analysiert werden, ob und wie sich z.B. in Bewerbungssituationen durch die Gewichtung von Nationalität, Hautfarbe, Religionszugehörigkeit oder Alter von Individuen institutionalisierte Kompromisse und gesellschaftliche Zustimmungen spiegeln. In der Rechtsprechung können Taten sexueller Gewalt und auch Gesetze je nach Nationalität, Hautfarbe oder Religionszugehörigkeit unterschiedlich ausgelegt werden (usw.).

Es wird deutlich, dass intersektionales Denken eine konsequente Verbindung zwischen Kategorien und damit zusammenhängenden Herrschafts- und Machtverhältnissen herstellt. Kategorien können nie „für sich“ betrachtet werden im Sinne von „pur“ oder „voraussetzungslos“. Vielmehr sind sie stets aufgeladen mit gesellschaftlichen Bedeutungen, die Ungleichheit bewirken (können).

Christine Riegel weist in diesem Zusammenhang darauf hin, das Konzept der Intersektionalität werde missverstanden, wenn soziale Differenzen und Kategorien als Personen- oder Gruppenmerkmale (also ohne gesellschaftliche Bedeutungen) begriffen sowie Überkreuzungen mechanisch oder statisch betrachtet würden (vgl. Riegel 2012: 46). Durch derartige Fassungen des Konzepts verliert laut Riegel der Ansatz sein macht- und herrschaftsanalytisches Potential und „die Konstruktion bzw. das ‚Gemacht-Sein‘ sozialer Differenzen sowie die damit verbundenen Machtinteressen werden dabei übergangen und Differenzen als unhinterfragbare Größen naturalisiert und weiter festgeschrieben“ (ebd.).

Riegel hebt weiter hervor, dass sich Kategorien, die Ungleichheiten (re)produzieren, gegenseitig beeinflussen und in ihrer Wirkung wechselseitig verstärken, abschwächen oder verschleiern. Das Beispiel des Kreisverkehrs verdeutlicht dies gut. Zudem verweist sie auf den je spezifischen sozialen und gesellschaftlichen Kontext, in dem sich diese Prozesse vollziehen. In der Folge kann das Zusammenwirken verschiedener Kategorien „nicht universal (im Sinne von allgemeingültig) bestimmt werden, sondern ist jeweils ... empirisch, situativ und in seinem sozialen und historischen Kontext zu untersuchen, allerdings vor dem Hintergrund der jeweiligen gesellschaftlichen Ungleichheitsverhältnisse und Strukturwidersprüche“ (ebd.).

Trotz der Gefahr einer Vereinfachung durch eine bildliche Darstellung komplexer Vorgänge werden in der folgenden Grafik die komplexen Wechselwirkungen zwischen den Kategorien sowie den Ebenen aufgezeigt, auf denen sich Macht- und Herrschaftsverhältnisse (re)produzieren.

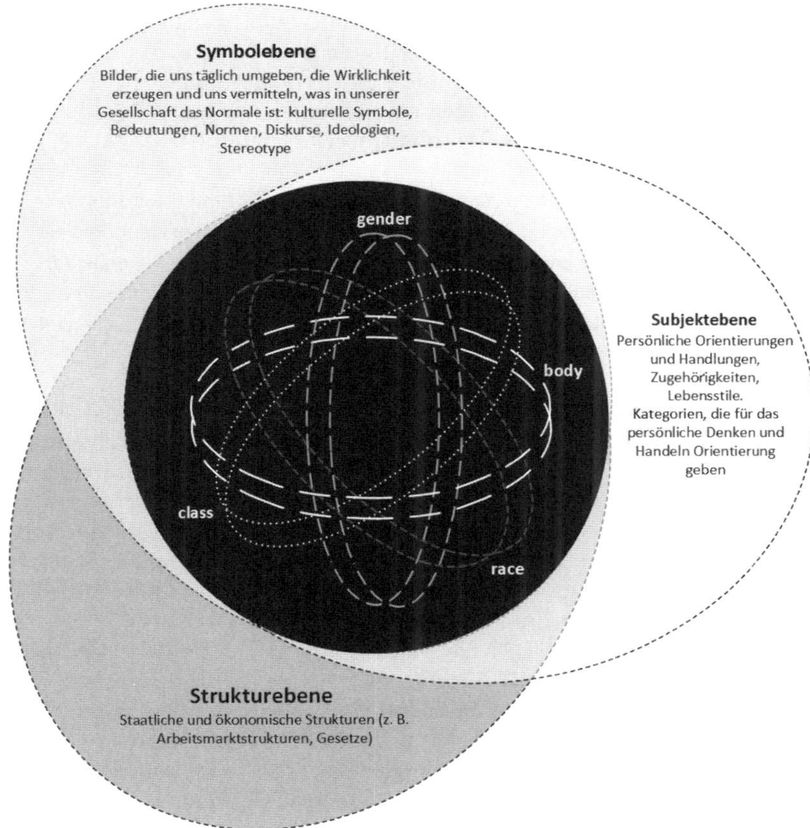

Abb. 1: Intersektionales Zusammenwirken (Quelle: Walter Graf)

Die Grafik erweitert die Metapher des Kreisverkehrs, indem (1) sowohl die Verwobenheiten der Kategorien, (2) die Überschneidungen zwischen Struktur-, Symbol- und Subjektebene sowie (3) die Wechselwirkungen zwischen Ebenen *und* Kategorien veranschaulicht werden (vgl. hierzu auch Kapitel 4).

3.7 Einzug von Intersektionalität in wissenschaftliche Debatten

Die vorangegangenen Ausführungen haben gezeigt, dass sich Crenshaws Begriff der *intersectionality* im akademischen Feld zwar durchgesetzt hat, es jedoch bereits zuvor Wissenschaftlerinnen gab, welche die komplexe Wirkungsweise verschiedener sozialer Kategorien thematisierten und analysierten. Doch erst der „Import" des Intersektionalitätsbegriffs führte zu einer konsequenteren Auseinandersetzung damit, vor allem innerhalb der Critical Race Theory, der Gender- und Queerforschung.

> „Viele Publikationen gingen dem von [...] Crenshaw formulierten Intersektionalitätsansatz voraus. Wissenschaftsgeschichtlich interessant ist die Tatsache, dass Crenshaws [...] Metapher der Intersektion...eine schnelle Verbreitung erfuhr und Eingang in unterschiedliche Forschungsfelder und Politikbereiche fand. Anderen (früheren) Begriffsbildungen, die das gleiche Ziel verfolgten, gelang dies nicht." (Lutz u.a. 2010: 13)

Zur Verdeutlichung der o.g. „Vorgeschichte" des Intersektionalitätskonzepts werden hier – abschließend zur Darstellung der Entstehungsgeschichte des Konzepts und ergänzend zur Erläuterung des historischen Hintergrunds in Kapitel 3 – einige zentrale Theoretiker_innen und Politikaktivist_innen genannt. Auch an dieser Stelle sei – wie schon zu Beginn dieses Kapitels – darauf hingewiesen, dass die folgenden Darstellungen keinen Anspruch auf Vollständigkeit erheben wollen. Einen ausführlichen Überblick hierzu geben Nicole von Langsdorff und Kathrin Schrader (2014).

bell hooks kritisiert 1984 die Missachtung der Interessen schwarzer Frauen durch weiße Feministinnen. Nach hooks verfügen weiße Frauen über vermehrte Zugänge zu öffentlichen Machtpositionen und nutzen diese zur Durchsetzung „ihrer" Anliegen bzw. deklarieren die Anliegen weißer Frauen als Anliegen „der" Frauen allgemein. Als Beispiel dient hooks die Abwertung von Familienarbeit durch weiße Feministinnen aus der Mittelschicht. Diese Frauen müssen, so hooks, nicht arbeiten, um die Familie zu ernähren, und etikettieren daher Familienarbeit als langweilig, monoton und isolierend. Die Realität vieler schwarzer Frauen jedoch ist eine andere, für sie nimmt – vor allem vor dem Hintergrund der Sklaverei – Familie einen anderen Stellenwert ein und dient(e) nicht zuletzt als wichtiger Rückzugsort (vgl. hooks 1984).

Patricia Hill Collins spricht 1990 als Entgegnung auf additive Modelle von Herrschaftsverhältnissen sowie als Kritik an einem euro- und androzentristischen Denken von „interlocking systems of oppression". Laut

Collins sind Biografien schwarzer Frauen von miteinander verschränkten Machtsystemen besonders stark beeinflusst, weshalb sie Race, Class, Gender, Sexuality, Nation (auf schwarze Frauen bezogen) als miteinander verflochtene, sich gegenseitig konstruierende Machtsysteme fasst (vgl. Hill Collins 1990).

Floya Anthias und Nira Yuval-Davis entwerfen 1992 unter dem Begriff „racialized boundaries“ ein Konzept der Verflechtungen der Kategorien Race, Nation, Gender, Hautfarbe, class (vgl. Anthias/Yuval-Davis 1992).

Gülşen Aktaş analysiert 1993 das Einwirken gesellschaftlicher Herrschaftsstrukturen auf die institutionelle Sozialarbeit, auch in basisdemokratischen, herrschaftskritischen Projekten. Sie verdeutlicht die Verschränkung mehrerer Ungleichheitskategorien aus der Sicht türkischer Sozialarbeiterinnen und Bewohnerinnen im Frauenhaus (vgl. Gülsen 1993).

Birgit Rommelspacher und Helma Lutz sind maßgeblich an der Etablierung des Begriffs der Intersektionalität sowie intersektionaler Inhalte in der feministischen Wissenschaft in Deutschland beteiligt. Ihre Forschungen zählen zu den fundamentalen kritischen antirassistischen Arbeiten und erfolg(t)en aus der Perspektive einer kritisch verantwortungsvollen Wissenschaft. Die Autorinnen analysierten sowohl die Verwobenheit und Verschränkung verschiedener Kategorien als auch mögliche Handlungsoptionen und politische Strategien (vgl. z.B. Rommelspacher 1995 und 2002, Lutz 2001).

Gudrun-Axeli Knapp ist eine zentrale Autorin des deutschsprachigen Intersektionalitätsdiskurses. Sie bezeichnet „Intersektionalität als eine systematische Erweiterung des Blicks auf Ungleichheit, Herrschaft, Diskriminierung und Differenz, die sich im Zuge feministischer Grundlagenkritik entwickelt hat“ (Knapp 2013: 350). Knapp beschäftigt sich in einer Vielzahl von Artikeln mit Hintergründen, Strömungen und Streitpunkten der Intersektionalitätsdebatte. Sie beleuchtet das Potential des Konzepts, insbesondere im Feld der Gesellschaftstheorie. In einem gemeinsam verfassten Artikel mit *Cornelia Klinger* geht sie auf Fragen von Ungleichheit und Ausgrenzung ein (Klinger/Knapp 2007), um Ausgrenzungsverhältnisse als unterschiedliche, aber miteinander in Wechselwirkung stehende gesellschaftliche Zusammenhänge zu analysieren, die für ein Verständnis moderner Gesellschaften elementar sind. Wie Tove Soiland (2008) im Rekurs auf Birgitte Aulenbacher (2007) und Gudrun-Alexi Knapp (2005) darstellt, gibt es im Rahmen aktueller gesellschaftstheoretischer Diskussionen kaum zeitdiagnostische Beiträge von Seiten der Genderforschung, die sich mit den intersektionalen Verbindungen der veränderten Bedingungen der kapitalistischen Weltgesellschaft auseinandersetzen. Knapp (2008) kommentiert dies dahingehend, dass in diesem Zusammenhang die gesellschafts- und subjekttheoretischen Implikationen sowie die Potentiale und Grenzen weiter auszuloten seien. Damit geht die Idee einer intersektionalen Analyse komplexer Ungleichheit einher, welche die Frage nach den „Vermittlungen, Ko-Artikulationen, Interdependenzen, Interferenzen zwischen unterschiedlichen gesellschaftlichen Strukturprinzipien bzw. Herrschaftsformen" (Knapp 2008) stellt. Dieser Vorschlag hat eine Methodendebatte eröffnet, welche Überlegungen aufnimmt, die Analyse der Wechselwirkungen von sozialen Praxen über den makrotheoretischen Bezug hinaus, auf die Darstellung der je eigenen Teilhabe an Herrschaftssicherungen, zu analysieren (vgl. Paulus 2013b).

Gabriele Winker und Nina Degele entwickeln mit ihrem an Bourdieus Praxeologie (vgl. Kapitel 2.2) orientierten Mehrebenenansatz ein analytisches Modell zur Erforschung sozialer Ungleichheit unter intersektionaler Perspektive (vgl. 2009). Sie fokussieren mit ihrem Ansatz subjektive und gesellschaftliche Wechselwirkungen. Ausgangspunkt ihrer Überlegungen ist die kapitalistisch strukturierte Gesellschaft mit ihrer grundlegenden Dynamik ökonomischer Profitmaximierung. In diesem Mehrebenenansatz wird systematisch zwischen der Ebene der Struktur, der symbolischen Repräsentationen sowie der Identität unterschieden. Auf der Strukturebene situieren Winker und Degele die vier Herrschaftsverhältnisse Klassismus, Heteronormativismus, Rassismus und Bodyismus, da diese maßgeblich die soziale Lage von Gesellschaftsmitgliedern bestimmen sowie deren Stellung zum Arbeitsmarkt inklusive der Verantwortung für die Reproduktion der Arbeitskraft.

Einen methodologischen Vorschlag zur Analyse der Wechselwirkung von Kategorien und gesellschaftlichen Ebenen hat *Leslie Mc Call* vorgelegt (McCall 2005: 171ff.). Dieser ist ganz im Sinne der intersektionalen Mehrebenenanalyse von Winker/Degele zu verstehen, denn dieser bezieht sich sowohl auf die Wechselwirkung zwischen den Kategorien als auch auf die Analyse der Kategorien der unterschiedlichen Ebenen.

3.8 Zusammenfassung: Historische Entwicklung des Intersektionalitätskonzepts

Die historische Nachzeichnung der Entstehungsgeschichte des Intersektionalitätskonzepts verdeutlichte, inwiefern Intersektionalität als eine Art „Sammelbegriff" für diverse vorangegangene gesellschaftspolitische Entwicklungen und theoretische Debatten um soziale Ungleichheit fungieren kann. Der „Durchbruch" des Begriffs markiert auf gewisse Weise den Beginn vielfältiger kritischer Debatten theoretischer und empirischer

Auseinandersetzungen um die Analyse der Verschränkung verschiedener Kategorien sozialer Ungleichheit sowie deren Bezug zu Macht- und Herrschaftsverhältnissen.

Mit der Metapher der Straßenkreuzung von Kimberlé Crenshaw scheint – trotz der dargestellten Gefahr der Verkürzung und Reduzierung – eine Art der Veranschaulichung gelungen, die kein anderer Begriff zuvor erreichen konnte. Allerdings ist dabei ein konsequenter Bezug zu Macht- und Herrschaftsverhältnissen herzustellen, den Crenshaw so nicht explizit vollzieht.

Ebenso lassen Konzept und Metapher offen, wie das Zusammenwirken verschiedener Kategorien – das „Fahren im Kreisverkehr" also – analytisch und methodisch zu fassen ist. So wurde in den angedeuteten Beispielen deutlich, wie überaus komplex sich das verschränkte Zusammenwirken verschiedener Kategorien vor dem Hintergrund gesellschaftlicher Macht- und Herrschaftsstrukturen vollzieht. Die analytische Erfassung gestaltet sich entsprechend komplex und herausfordernd. Daher wird im nächsten Kapitel der Frage – Wie lassen sich überhaupt die verschiedenen Ebenen, Kategorien und Verhältnisse intersektional verbinden? – nachgegangen.

4 Intersektionalität als weiterführendes Analysekonzept der Wechselwirkungen sozialer Ungleichheit

In diesem Kapitel steht die Frage im Mittelpunkt, wie sich überhaupt Verschränkungen, Überkreuzungen und Wechselwirkungen zwischen *Ebenen und Kategorien* analytisch erfassen lassen. Gabriele Winker und Nina Degele weisen darauf hin, dass bei intersektionalen Ansätzen noch weitgehend Konzepte fehlen, wie die Ebenen und Kategorien miteinander in Beziehung gesetzt werden können (vgl. Winker/Degele 2009: 18f.). Dieser Frage wird im Folgenden nachgegangen. Nach einem kurzen Exkurs in die philosophische und soziologische Tradition der Beschäftigung mit Wechselwirkungen wird Leslie McCalls inter-, intra- und antikategorialer Zugang für die Analyse in Bezug auf Wechselwirkungen und Verwobenheiten von *Kategorien* eingeführt. Anschließend werden Wechselwirkungen zwischen den *Ebenen* diskutiert, um schließlich – mit Blick auf das professionelle Handeln – ein Hilfsmittel für die analytische Erfassung von Wechselwirkungen, Verschränkungen und Überkreuzungen zwischen *Kategorien und Ebenen* vorzustellen. Im Fokus steht dabei der Nutzen dieses Analyseblicks für die professionelle Praxis Sozialer Arbeit: Worin genau liegt das Weiterführende dieses Analyseblicks. Und vor allem: Wie lassen sich „gute" intersektionale Analysen in erweiterte Handlungsoptionen überführen?

Exkurs

Geschichtlich wie auch philosophisch betrachtet, ist das Problem, Wechselwirkungen zwischen verschiedenen Ebenen zu bestimmen, allerdings nicht neu. Schon F.W. Hegels Konzept der *Dialektik* ist ein umfassender Versuch, die gesellschaftliche Totalität mit ihren Gegensätzen, Widersprüchen und Verbindungen zu denken. Auch zeitgenössische Denker wie Niklas Luhmann oder Gilles Deleuze und Félix Guattari beschreiben die *Gesellschaft als System* oder entdecken verschiedene *Multiebenen* (Deleuze/Guattari: 1977, 1992). Besonders hat sich der Philosoph und Stichwortgeber postmarxistischer und poststrukturalistischer Denkweisen, Louis Althusser, mit dem Begriff der Überdetermination der Gesellschaft auf die Schwierigkeit hingewiesen, Wechselwirkungen zu analysieren. Überdeterminiert meint, dass Kategorien oder Ebenen nicht auf eine einfache Ursache zurückzuführen sind oder eine eindeutige Bedeutung haben, sondern sich Kategorien und Ebenen aus mehreren Bezugspunkten herstellen und sich gegenseitig beeinflussen. Die Bestimmung oder Beschreibung von Wechselwirkungen der Ebenen oder Kategorien ist demnach nicht einfach aus einer Ursache ableitbar, sondern vielschichtig bzw. überdeterminiert. Auch der Psychoanalytiker Jacques Lacan verweist mit seiner Topologie des Borromäischen Knotens auf die Wechselwirkungen, mit denen sich die Psyche bzw. das Subjekt konstituiert. Er beschreibt drei Voraussetzungen des menschlichen Seins – *das Reale, das Symbolische* und *das Imaginäre.* Das Reale beschreibt die materiellen Vorrausetzungen, das Symbolische beschreibt die Ordnung des Diskurses und das Imaginäre kann als Selbstbild verstanden werden. Für Lacan sind diese Ebenen untrennbar miteinander verbunden (vgl. Lacan 1991). Pierre Bourdieu betont die *Wechselwirkung zwischen gesellschaftlicher Struktur und sozialer Praxis.* Nach Bourdieu befinden sich Individuen in einem ständigen Kampf um ihre Positionen im sozialen Feld, indem sie sich immer wieder neu mit dem gegenwärtigen Zustand der Gesellschaft auseinandersetzen. Die Kämpfe im gesellschaftlichen resp. sozialen Raum, beispielsweise Debatten um Einwanderungskontingente, sind nach Bourdieu nicht ausschließlich auf ökonomische Klassenkämpfe reduziert, sondern es existieren gleichzeitig Auseinandersetzungen um Symbolformen, die ihren Ausdruck in der Bestimmung von hegemonialen resp. geschäftlich vorherrschenden Normen und Werten sowie um Lebensstile finden. Demnach erhält eine Gesellschaft ihre spezifische Kultur durch eine umkämpfte soziale Praxis. Dementsprechend entsteht soziale Ungleichheit erst durch klassifikatorische Unterscheidungen von Individuen oder Gruppen innerhalb der Gesellschaft. Vor allem Bourdieus *Kapitalanalyse* kann hier genannt werden, um Wechselwirkungen sichtbar zu machen (vgl. Bourdieu 1987).

Wie in diesem kleinen Exkurs dargelegt wurde, existiert eine lange philosophische und soziologische Tradition, sich dem Thema der Wechselwirkungen zu widmen. Die Idee, sich mit Wechselwirkungen zu beschäftigen, ist daher auch kein neues Paradigma in der empirischen Sozialforschung. Allerdings kann der *Intersektionalitätsansatz* als paradigmatische Erneuerung angesehen werden, weil eine Methode zur Verfügung steht, welche die Wechselwirkungen empirisch erfassbar macht (vgl. Winker/Degele 2009: 68ff.). Der Intersektionalitätsansatz erhebt den

> „Anspruch, mit einer intersektionalen Mehrebenenanalyse mehr als jeweils nur eine der genannten Perspektiven und prozesshaften Verbindungen in den Blick zu bekommen. Das intersektionale Handwerk besteht nun gerade darin, [...] [Wechselwirkungen zwischen, d.V.] Formen und Verschiebungen

> von Ein- und Auswirkungen konzeptuell und begrifflich einzufangen und Widersprüche empirisch zu rekonstruieren und zu erklären" (Winker/Degele 2009: 79).

Winker und Degele plädieren für eine Kombination von induktiver (überraschungsoffener) und deduktiver (theoriegeleiteter) Forschung (Winker/Degele 2009: 68ff.). Danach lassen sich nicht einfach aus der Theorie empirisch überprüfbare Hypothesen ableiten, sondern es müssen zuerst Theoreme hergestellt werden, die als ein theoretisches Raster zu verwenden sind, um Hypothesen anhand empirischer Beobachtungen zu bestätigen oder zu verwerfen. Diese Überlegungen verdeutlichen drei zentrale Momente innerhalb der intersektionalen Vorgehensweise:

> „Erstens müssen wir Wechselwirkungen hinsichtlich der Wirkungsrichtungen und der zueinander in Beziehung gesetzten Ebenen unterscheiden. Zweitens können wir nicht von einer Gleichförmigkeit der Wirkungen ausgehen, sondern müssen Widersprüche und Gegenläufigkeiten berücksichtigen. Drittens müssen wir auch und gerade solche Widersprüche und Gegenläufigkeiten empirisch spezifizieren und konkretisieren, um daraus im Idealfall Verallgemeinerungen ableiten zu können." (Winker/Degele 2009: 77f.)

Im Allgemeinen wird durch die *Darstellung von Wechselwirkungen* verdeutlicht, welche Querverbindungen oder Dominanzverhältnisse bei der Zusammensetzung der sozialen Ungleichheit vorherrschen. Im Idealfall lassen sich hier Aussagen treffen, inwieweit Strukturen und/oder Diskurse und Ideologien sowie subjektive Praxen sich gegenseitig stützen oder sich Verschiebungen abzeichnen. Das intersektionale Handwerk besteht darin, durch sein methodologisches Modell Wechselwirkungen zu rekonstruieren. Das methodologisch und gesellschaftstheoretisch in der Geschlechterforschung umzusetzen, war bisher ein Novum (vgl. Soiland 2008) bzw. eine „paradigmatische Neuorientierung" (Klinger/Knapp 2007: 35; Winker/Degele 2007; kritisch dazu aber Knapp 2008: 42). Kritisch merkt Lothar Böhnisch an, dass beim Intersektionalitätsparadigma vieles in der Deskription „stecken geblieben" sei und dialektisch angelegte Versuche kaum unternommen würden, um die Wechselwirkungen zu analysieren (vgl. Böhnisch 2013: 364).

Mit der nun folgenden Vorstellung intersektionaler Zugänge zum Thema Wechselwirkungen versuchen wir, diese Kritik aufzunehmen. Wir richten unseren Fokus auf die Anschlüsse der Strukturebene und Symbolebene, um die polit- und sozioökonomischen, soziokulturellen und ideologisch vermittelten Bestimmungsfaktoren der Gesellschaft zu erläutern.

Ebenso fokussieren wir die Subjektebene, um das interaktive Handeln der Subjekte im Umgang mit den Herrschaftsverhältnissen besser verständlich zu machen. Dieses Vorgehen stellt eine wesentliche Erweiterung zu eindimensionalen Erklärungsmodellen dar. Die Verwobenheit und das Zusammenwirken verschiedener Kategorien sowie unterschiedlicher Ebenen sozialer Ungleichheit werden daher im Zentrum der folgenden Überlegungen stehen.

Konkret bedeutet dies, dass wir mit diesem Vorgehen den Fokus der Intersektionalität auf das methodische Vorgehen bei der Analyse und Anamnese von konkreten Fällen verschieben möchten. In jedem einzelnen Fall der Praxis der Sozialen Arbeit geht es zunächst um die Wahrnehmung von Lebenslagen und Handlungsgründen der Adressat_innen. Das heißt, Adressat_innen sollen als Subjekte anstatt als Angehörige einer sozialen Gruppe wie z.B. „Frauen“, „Behinderte“, „Flüchtlinge“, „Jugendliche“ usw. wahrgenommen werden. Des Weiteren ermöglicht ein intersektionaler Analyseblick, die individuelle Lebenssituation mit gesellschaftlichen Ungleichheits- und Herrschaftsmechanismen in Verbindung zu bringen. Dadurch können Sozialarbeitende wichtige „Aufdeckungsarbeit“ leisten, indem sie Ungleichheit produzierende Prozesse benennen, ihre Ebenen verdeutlichen und dadurch diese Prozesse ent-individualisieren. Um die Ebenen der sozialen Ungleichheit intersektional zu fassen und in Wechselwirkung zu bringen, bedarf es eines analytischen Vorgehens. Im Folgenden gehen wir auf die Wechselwirkungen zwischen den Ungleichheit produzierenden Ebenen und Kategorien ein.

4.1 Wechselwirkungen zwischen den Kategorien

Wie in den vorangegangenen Kapiteln mehrfach dargelegt, fokussiert das Intersektionalitätskonzept auf zwei miteinander zusammenhängende Aspekte: Zum einen ist dies der Blick auf Wechselwirkungen, Zusammenhänge und Verschränkungen verschiedener Ungleichheitskategorien auf verschiedenen Ebenen. Zum anderen auf das Zusammenwirken gesellschaftlicher Macht- und Herrschaftsverhältnisse. Nun stellt sich die Frage, wie eine intersektionale Analyse diese Aspekte konkret einbeziehen kann.

Im Folgenden wird dies mit Bezug auf Leslie McCalls Vorschlag der inter-, intra- und antikategorialen Zugänge diskutiert (vgl. 2005: 171ff.):

1. Der interkategoriale Zugang dient zur Analyse der Wechselwirkungen zwischen den Kategorien.

2. Der intrakategoriale Zugang dient zur Analyse der Unterscheidungen und Ungleichheit im Rahmen einer jeweiligen Kategorie.
3. Der antikategoriale Zugang dient zur Kritik der Diskriminierungskategorien.

McCall entwickelte diese drei Zugänge, um Zusammenhänge und Verwobenheiten von Ausgrenzung, Ungleichbehandlung und Diskriminierungsstrukturen zu analysieren. Sie sind für einen intersektionalen Blick in die Praxis hilfreich, denn letztlich resultiert aus diesen drei theoretischen Zugängen auch die in Intersektionalitätsdebatten immer wieder diskutierte Frage, *welche* sozialen Kategorien und Unterscheidungen erfasst werden sollen: Ist es hilfreich oder erforderlich, bestimmte Kategorien und Differenzen festzulegen? (Setze ich in der Arbeit mit Flüchtlingen z.B. Race und Religionszugehörigkeit voraus? etc.) Oder geht es um eine prinzipielle Offenheit für eine unbestimmte Anzahl von Kategorien? (Werde ich Flüchtlingen gerechter, wenn ich davon ausgehe, dass ich je nach Situation/Problem, offen sein muss für weitere Kategorien (z.B. sexuelle Orientierung, Bildungsgrad, Familienstand)?) Um die von McCall entwickelten Zugänge so anschaulich wie möglich darzustellen, werden diese jeweils mit Blick auf konkrete Problemstellungen der Sozialen Arbeit ausgeführt. Hierbei ist zu beachten, dass mit diesen veranschaulichenden Ausführungen stets eine Vereinfachung von tatsächlich komplex stattfindenden Prozessen einhergeht.

4.1.1 Der interkategoriale Zugang

Bei diesem Zugang werden *Zusammenhänge, Überkreuzungen und Wechselwirkungen zwischen verschiedenen Kategorien* analysiert. Dieser Zugang ergibt sich aus einer gesellschaftstheoretischen Perspektive auf soziale Kategorien. Ein Beratungsangebot für Frauen mit Behinderung würde z.B. die Kategorien Gender und Behinderung als prinzipiell relevant festlegen, zugleich jedoch offen sein für weitere, sich in konkreten Beratungssituationen ergebende Kategorien (z.B. soziale Herkunft, Alter, sexuelle Orientierung usw.). Bei diesem Zugang kann jedoch prinzipiell nicht davon ausgegangen werden, dass je nach Situation und Problem im Voraus definiert werden kann, welche Kategorien relevant sein werden.

Für die Soziale Arbeit kann dies bedeuten, dass Angebote auf bestimmte Kategorien fokussieren, z.B. eine Beratungsstelle für alleinerziehende Väter auf die Kategorien Class und Gender oder ein Stadtteilangebot für ausländische Jugendliche auf die Kategorien Race, Class und Gender. Ein interkategorialer Zugang fragt hier sowohl nach den Verwobenheiten der bereits festgelegten Kategorien und ist zudem offen für weitere Kategorien, die sich je nach Person, Situation, Problemstellung ergeben. Im Falle der Beratungsstelle braucht es ein professionelles Wissen über die gesellschaftliche Relevanz von „Alleinerziehend-Sein", „Mannsein" sowie über die Auswirkungen möglicher Zusammenhänge. Unter „gesellschaftlicher Relevanz" wird das in Kapitel 3 beschriebene Wissen über Zuschreibungen, Bilder, Rechte usw. verstanden, welches Kategorien „transportieren", inklusive der macht- und herrschaftsrelevanten Aspekte, welche Kategorien inhärent sind. In der Arbeit des Stadtteilangebots für ausländische Jugendliche müssen die Sozialarbeitenden über professionelles Wissen verfügen, was es in unserer Gesellschaft bedeuten kann, „Nicht-Schweizer_in" zu sein, welche Anforderungen die Lebensphase Jugend mit sich bringt. Zugleich braucht es bei beiden Angeboten stets eine Offenheit für weitere Kategorien wie z.B. Religionszugehörigkeit, Bildung, sexuelle Orientierung, Behinderung usw. Das heißt: Kategorien ergeben sich stets aus der konkreten Arbeit mit den Adressat_innen.

4.1.2 Der intrakategoriale Zugang

Bei diesem Zugang geht es um *Unterscheidungen und Ungleichheiten innerhalb einer Kategorie.* Die in Kapitel 3 beschriebenen Debatten innerhalb der Frauenbewegung hinsichtlich der Kategorie „Frau" sind hierfür ein gutes Beispiel. Damals wurde kritisiert, dass die Frauenbewegung bei ihren Forderungen für „die Frauen" von weißen, mittelschichtsangehörigen, heterosexuell lebenden, nicht-behinderten Frauen ausgehe. Schwarze Frauen, Frauen aus der Arbeiter_innenklasse, Lesben, Frauen mit Behinderungen usw. fühlten sich und ihre Bedürfnisse nicht vertreten. Dies verdeutlicht, wie sich auch innerhalb einer einzigen Kategorie Diskriminierungs-, Macht- und Ungleichheitsprozesse vollziehen können. Genau darum geht es bei einer intrakategorialen Analyse, denn gesellschaftliche Diskurse arbeiten oftmals mit vereinheitlichenden Bildern bestimmter Kategorien. Begriffe wie „die" Arbeitslosen, „die" Flüchtlinge, „die" Deutschen, „die" Migrant_innen usw. können leicht verdecken, dass sich hinter diesen kategorisierenden Begriffen sehr unterschiedliche Individuen verbergen.

Für die Soziale Arbeit ist ein intrakategorialer Analyseblick von Bedeutung, da dieser in der Regel nicht umhin kommt, mit Kategorien zu arbeiten, solange diese in gesellschaftlichen Diskursen von Bedeutung sind. Werden Angebote konzipiert, die bestimmte Kategorien fokussieren (wie z.B. Angebote für Arbeitslose, Flüchtlinge, Drogenabhängige), so sollte auch stets reflektiert werden, inwiefern sich dabei womöglich Ungleichheits- oder Ausschlussprozesse vollziehen, weil die Individualität und die je eigenen Lebensrealitäten nicht differenziert gedacht werden. Zudem sind Sozialarbeitende als Mitglieder der Gesellschaft stets gefordert, ihre eigenen Denk- und Bewertungsmuster hinsichtlich einer Kategorie kritisch zu reflektieren. Für die Arbeit in einer Wohngruppe für Jugendliche etwa bedeutet dies Folgendes: In dieser Wohngruppe wird konzeptionell viel mit der Kategorie Gender gearbeitet: Zimmereinteilungen vollziehen sich geschlechtergetrennt, es gibt Freizeitangebote, die zum Teil mädchen- und jungenspezifisch gestaltet werden etc. Nun können wir fragen, was dies für Jugendliche bedeutet, die sich nicht den klassischen Zuschreibungen zuordnen wollen oder können. Hier ermöglicht ein intrakategorialer Zugang den Sozialarbeitenden, mögliche Unterscheidungs- und Ungleichheitsprozesse innerhalb der Kategorie Gender zu analysieren und diese in der eigenen Arbeit zu reflektieren. (Welche Bilder über Zweigeschlechtlichkeit, über Transgender werden verwendet? Welche genderbezogenen Normen und Werte bestimmen persönliches sowie professionelles Denken und Handeln?) Wird die Kategorie Gender in diesem Fall differenziert reflektiert, können Normalisierungs- und Ausschlussprozesse im professionellen Handeln vermieden oder zumindest minimiert werden.

4.1.3 Der antikategoriale Zugang

In diesem Zugang werden *Kategorienbildungen grundsätzlich problematisiert*, da diese stets mit Normierungsprozessen einhergehen. Ein antikategorialer Zugang kritisiert folglich die Konstruktion von Kategorien und fordert deren Dekonstruktion bzw. den Abbau begrifflicher Dichotomien wie Mann/Frau, Weiß/Schwarz, krank/gesund usw.

Was bedeutet dies nun für die Soziale Arbeit, wenn diese innerhalb einer Gesellschaft agiert, deren Strukturen durch soziale Kategorien geprägt sind? Stellt sich dann nicht die Frage, ob die Soziale Arbeit Kategorien überhaupt dekonstruieren bzw. ob sie „ohne" Kategorien arbeiten kann?

Unserer Meinung nach ist es Aufgabe der Sozialen Arbeit, gesellschaftliche Konstruktionen von Kategorien sowie damit zusammenhängende Macht- und Ungleichheitsprozesse aufzuzeigen und darin enthaltene Zuschreibungen, Stereotype aufzubrechen. Dies kann innerhalb der Sozialen Arbeit auf verschiedenen Ebenen geschehen: in der direkten Arbeit mit Klient_innen, bei der Ausschreibungen von Angeboten, in Aushandlungsprozessen mit Kostenträger_innen und politischen Verantwortlichen, auf der Ebene der kritischen Selbstreflexion der Sozialarbeitenden. Es geht also in der Sozialen Arbeit hinsichtlich des Denkens oder auch Sprechens in Kategorien um einen bewussten und (selbst)kritischen Umgang. So macht es z.B. einen Unterschied, ob ein Angebot als „Berufswahl von Jugendlichen" oder als „Berufswahl von Mädchen und Jungen" ausgeschrieben wird. Letzteres orientiert sich an gesellschaftlichen Zuschreibungen innerhalb der Kategorie Gender und reproduziert somit bestehende Stereotype. Ein

Gesprächsangebot zum Thema „Liebe und Sexualität“ in einer Wohngruppe z. B. könnte sich an der heterosexuellen Norm orientieren (und damit bestehende Bilder hinsichtlich der Kategorie „Sexualität“ reproduzieren) oder offen sein für Lebensentwürfe und individuelle Bedürfnisse jenseits dieser Norm.

Abschließend sei zu den drei Zugängen noch angemerkt, dass McCall selbst die Unterscheidungen der Zugänge als provisorisch bezeichnet (vgl. McCall 2005). Sie versteht diese zunächst als analytische Instrumente, welche strategisch genutzt werden können, um Zusammenhänge von sozialer Ungleichheit zu erkennen und zu untersuchen. In der Sozialen Arbeit kann es folglich nicht darum gehen, mit *einem* bestimmten Zugang zu arbeiten oder *einen* spezifischen als richtig oder falsch zu definieren. Vielmehr verhelfen alle drei Zugänge auf professionell-analytischer Ebene zu differenzierteren, Macht- und Ungleichheit identifizierenden Interpretationen und (Selbst-)Reflexionen.

Nachdem nun Wechselwirkungen zwischen den und innerhalb der Kategorien diskutiert wurden, wird im Folgenden der Frage nachgegangen, wie Wechselwirkungen zwischen den Ebenen analytisch gefasst werden können.

4.2 Wechselwirkungen zwischen den Ebenen

Aufgrund der vorherigen Überlegungen und beschriebenen Ebenen lassen sich drei mögliche Wechselwirkungen zwischen der Subjektebene, der Symbolebene und der Strukturebene beschreiben. Um nun einen konkreten Fall der sozialen Ungleichheit bzw. eine Kategorie auf den unterschiedlichen Ebenen analysieren zu können, hat sich eine spezielle Vorgehensweise herausgebildet.

Wie schon erwähnt: Winker geht mit der von ihr und Degele entwickelten intersektionalen Mehrebenenanalyse davon aus, dass auf der Makroebene der Gesellschaft vier zentrale Kategorien – Class, Gender, Race und Body und deren Wechselwirkungen – den Zugang zur Erwerbsarbeit, Lohndifferenzierungen sowie gesellschaftliche Teilhabemöglichkeiten wesentlich bestimmen (vgl. Winker/Degele 2009: 25ff.). Dementsprechend gibt es unterschiedliche Diskriminierungsfaktoren – Klassismen, Heteronormativismen, Rassismen und Bodyismen (vgl. Winker 2010: 169), welche auf den drei gesellschaftlichen Ebenen (Struktur, Symbol, Subjekt) agieren.

Theoretisch beschreiben die *Wechselwirkungen zwischen der Struktur- und der Subjektebene*, welchen Effekt strukturelle Herrschaftsverhältnisse auf die Subjektebene haben, wie Individuen den Herrschaftsstrukturen unterliegen und inwieweit sie diese akzeptieren und in ihre Subjektkonstruktionen einbauen oder sich auch gegen sie zur Wehr setzen. Die Wechselwirkungen zeigen auf, welchen Einfluss Herrschaftsverhältnisse auf die Individuen ausüben, ob Individuen den Herrschaftsstrukturen unterliegen, sie akzeptieren, als Identitätskonstruktionen benutzen oder ob Widerstände und Gegenbewegungen entstehen.

Die *Wechselwirkungen zwischen der Symbol- und der Subjektebene* verdeutlichen, welche Auswirkungen Normen auf die Selbstbilder von Individuen haben und inwieweit Menschen im untersuchten Feld die herausgearbeiteten symbolischen Herrschaftssicherungen akzeptieren und reproduzieren. Hierbei wird dargelegt, welche Auswirkungen hegemoniale Normen und Ideologien auf die Selbstbilder der Individuen haben und/oder ob sie Gegenanrufungen bzw. Gegendiskurse produzieren. Die Kategorien lassen sich als Mittel beschreiben, die Kämpfe um Hegemonie zu beeinflussen.

Die *Wechselwirkungen zwischen der Struktur- und der Symbolebene* beleuchten, wie strukturelle Gegebenheiten Auswirkungen auf Normen und Ideologien haben und wie sich dementsprechend symbolische Herrschaftssicherungen darstellen. Die Wechselwirkungen zwischen der Strukturebene und der Symbolebene beschreiben ökonomische und politische Auseinandersetzungen um Regulationen. Hier wird herausgestellt, welchen Einfluss politökonomische Regime auf Normen und Ideologien haben, wie sich dementsprechend symbolische Repräsentationen darstellen.

Nachdem nun Wechselwirkungen zwischen den Kategorien sowie zwischen den Ebenen diskutiert wurden, wird im Folgenden der Frage nachgegangen, wie Wechselwirkungen zwischen den Ebenen und den Kategorien analytisch gefasst werden können.

4.3 Wechselwirkungen zwischen den Ebenen und Kategorien

Wechselwirkungen zwischen den Ebenen und Kategorien analytisch zu fassen, stellt aufgrund der hohen Komplexität der Verwobenheiten und Überkreuzungen von Ebenen und Kategorien eine große Herausforderung dar. Im Folgenden werden zwei Hilfsmittel vorgestellt, welche dazu dienen, die Komplexität zu erfassen und erste mögliche Schlussfolgerungen zu ziehen. Das intersektionale Analyseraster basiert auf der Mehrebenenanalyse von Winker und Degele (2009) sowie dem Analyseraster von Riegel (2010).

Winker und Degele beschreiben für die empirische Analyse einer sozialen Ungleichheit acht methodische Schritte. Diese Vorgehensweise wird kurz skizziert. Sie zielt im Wesentlichen darauf ab, bei Fallrekonstruktionen oder Anamnesen, Subjektpositionen zu beschreiben (Schritt 1), symbolische Repräsentationen der Subjekte zu identifizieren (Schritt 2), Bezüge zu den Sozialstrukturen zu finden (Schritt 3) und abschließend die Wechselwirkungen auf den drei Ebenen zu benennen und damit die Subjektkonstruktionen herauszuarbeiten (Schritt 4). Die nächsten vier Schritte dienen dazu Vergleiche von ähnlichen Subjektkonstruktionen finden (Schritt 5). Subjektkonstruktionen in Verbindung mit Herrschaftsverhältnissen (Schritt 6) setzen. Der letzte Schritt dient zur Vertiefung der Repräsentationen (Schritt 7). Im letzten Schritt sind Wechselwirkungen in einer Gesamtschau herauszuarbeiten (vgl. Winker/Degele 2009: 79–97; 2011: 60ff.).

Darauf aufbauend wurde das intersektionale Frageraster gemeinsam mit Praktiker_innen entwickelt, um es konkreter auf handlungspraktische Fragen des professionellen Alltags zu beziehen (vgl. Bronner 2019 und 2021).

4.4 Intersektionales Analyseraster

Das Raster wird zuerst „blanko" dargestellt, um die Anordnung sowie die Wechselwirkungen zu verdeutlichen. Anschließend folgt ein Beispiel, das veranschaulicht, welche Herausforderungen sich durch die Arbeit mit diesem Hilfsmittel ergeben.

Durch die Anordnung von Ebenen und Kategorien bietet das Raster die Möglichkeit, zunächst einmal *Verbindungen zwischen den Ebenen und Kategorien* herzustellen. So kann in einer spezifischen Problemkonstellation gefragt werden, welche Aspekte sich hinsichtlich der Kategorie Gender auf der Strukturebene, der Symbol- und der Subjektebene identifizieren lassen, ebenso unter der Kategorie Class usw. Neben den vier Strukturkategorien lässt das Raster Platz für weitere, sich aus dem spezifischen Kontext ergebende Kategorien bzw. Differenzlinien. Die Pfeile deuten auf zahlreiche mögliche Verbindungen und Überschneidungen (Intersektionen) zwischen Ebenen und Kategorien hin, vielmehr werden die möglichen komplexen Wechselwirkungen bzw. Überkreuzungen angedeutet.

	Strukturebene *staatliche und ökonomische Strukturen (z.B. Arbeitsmarktstrukturen, Gesetze)*	**Symbolebene** *Bilder, die uns täglich umgeben, die Wirklichkeit erzeugen und uns vermitteln, was in unserer Gesellschaft das Normale ist: kulturelle Symbole, Bedeutungen, Normen, Diskurse, Ideologien, Stereotype*	**Subjektebene** *persönliche Orientierungen und Handlungen, Zugehörigkeiten, Lebensstile* *Kategorien, die für das persönliche Denken und Handeln Orientierung geben*
gender			
race			
class			
body			

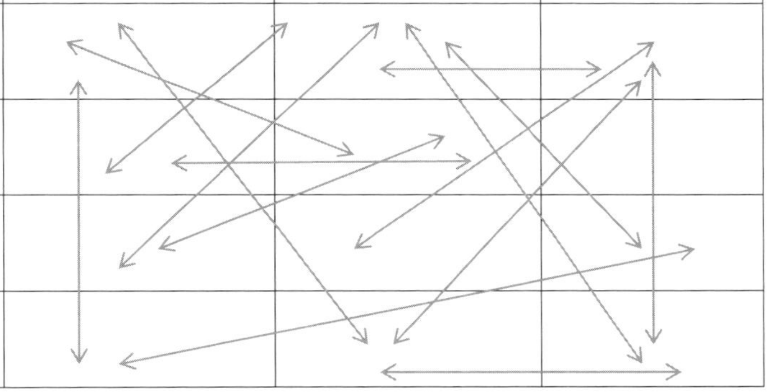

Abb. 2: Intersektionales Analyseraster
(eigene Darstellung in Anlehnung an Riegel 2010)

Auf eine inhaltliche Ausdeutung des Rasters sowie der durch die Pfeile symbolisierten Wechselwirkungen wird an dieser Stelle bewusst verzichtet, da sich *Erkenntnisprozesse* tatsächlich während des Ausfüllens vollziehen. Je nach Fall, Beratungssituation, Anliegen usw. ergeben sich individuelle inhaltliche Bedeutungen. Wechselwirkungen, Verwobenheiten und Überkreuzungen werden folglich im Arbeitsprozess mit dem Raster selbst deutlich, nämlich dann, wenn sich aufgrund der komplexen Zusammenhänge zwischen Ebenen und Kategorien Fragen der Zuordnung stellen: Gehört ein Problem, ein bestimmter Aspekt einer spezifische Situation nun zur Kategorie Gender oder Class? Ist es/er wirklich der Strukturebene zuzuordnen, oder könnte auch eine Zuordnung auf der Symbolebene vorgenommen werden? Womöglich treffen beide Zuordnungen zu? (usw.) Aufgrund der Komplexität sozialer Wirklichkeit ist dies nicht verwunderlich, denn eine schematische Darstellung bedeutet immer eine „künstliche" Einordnung und Fixierung und damit Reduzierung. Das besagt jedoch *nicht,* dass ein solcher Ordnungsversuch zu verwerfen wäre – im Gegenteil: Hinsichtlich einer intersektionalen Analyse stellt er ein wichtiges Instrument zur vertiefenden Analyse dar. Möglicherweise liegen in den Zuordnungsversuchen paradoxe Erkenntnismomente, die bisherige analytische blinde Flecken ausleuchten können.

Die folgende beispielhafte Verknüpfung der Kategorie Gender mit der Struktur-, Symbol- und Subjektebene könnte aus der Sozialen Arbeit mit Jugendlichen stammen (vgl. ausführlich Bronner 2014). Es wird deutlich, welche Relevanzen und Zusammenhänge sich durch die Arbeit mit dem Raster zeigen können, und ebenso, wo Wechselwirkungen womöglich verdeckt oder reduziert werden.

	Strukturebene	Symbolebene	Subjektebene
G E N D E R	Zweigeschlechtlichkeit	Bilder/Zuschreibungen über Unterschiedlichkeit von Frauen und Männern (z.B. Aussehen, Kleidung, Fähigkeiten, Eigenschaften, Bedürfnisse); Genderfluidität als Abnormalität; Heterosexualität als Norm, Homosexualität als Abweichung	eigene(s) Aussehen, Kleidung, Fähigkeiten, Eigenschaften, Bedürfnisse usw. sowie das subjektive Körperverständnis werden nach scheinbar natürlicher Zweigeschlechtlichkeit ausgerichtet

Abb. 3: Beispiel Raster in der Jugendarbeit (Bronner 2014)

In der Arbeit mit Jugendlichen könnte für die Kategorie Gender danach gefragt werden, welche Aspekte auf der Struktur- und Symbolebene wirksam sind und wie sich dies auf der Subjektebene auswirkt/auswirken könnte. Im obigen Beispiel ist auf der Strukturebene die gesellschaftliche Konstruktion der Zweigeschlechtlichkeit angeführt. Diese strukturiert und ordnet über die Symbolebene das gesellschaftliche Zusammenleben zweigeschlechtlich, womit heteronormative Bilder und Zuschreibungen als normal verhandelt werden, dementsprechende Abweichungen als nicht-normal. Auf der Subjektebene könnte nun für den_die spezifische_n Jugendliche_n danach gefragt werden, wie diese Zuschreibungen ausgehandelt werden: Eine Orientierung an der binären Geschlechternorm kann beispielsweise Sicherheit geben, eine subjektiv erlebte Abweichung davon kann zu Verunsicherung führen.

Diese angedeuteten Zusammenhänge zwischen der Kategorie Gender und den verschiedenen Ebenen stellen sich *während* der Arbeit mit dem

Raster heraus, und es zeigt sich, was oben bereits kritisch angemerkt wurde: Das Raster verhilft einerseits zu einer analytischen Zuordnung sowie Veranschaulichung von Wechselwirkungen. Andererseits zwingt es zu Fixierung von in Wirklichkeit sehr komplex miteinander verwobenen und sich wechselhaft beeinflussenden Prozessen und Zusammenhängen. Das analytisch Weiterführende offenbart sich *im Prozess des Ausfüllens* in Unsicherheiten und Fragen, die sich während des Zuordnens resp. Fixierens ergeben. Auf diese Weise verdeutlichen sich die komplexen Verwobenheiten und Wechselwirkungen.

4.5 Intersektionale Fragegrafik

Verschiedene Diskussionen mit Praxisvertreter_innen führten zur Entwicklung eines alternativen Rasters, welches die Wechselwirkungen besser veranschaulicht sowie konkretere Fragen hinsichtlich möglicher handlungspraktischer Implikationen enthält (vgl. Bronner 2019 und 2020). Durch die Anlehnung an Abb. 1 wird zudem ein hierarchischer Blick auf die Ebenen vermieden, da sie, anders als im Raster, nicht zu einem Ausfüllen von links nach rechts einlädt. Die auf Struktur-, Symbol- und Subjektebene angeführten Fragen machen die Ebenen konkreter greifbar. Dabei beziehen sich die Fragen ebenso auf Sozialarbeiter_innen (fett) wie Adressat_innen (kursiv) und geben somit unterschiedlichen Wirklichkeitskonstruktionen und Subjektpositionierungen Raum. Zudem verdeutlichen sie den Anspruch, die Analyse gemeinsam mit den Adressat_innen durchzuführen (Bronner/Paulus 2017: 101).

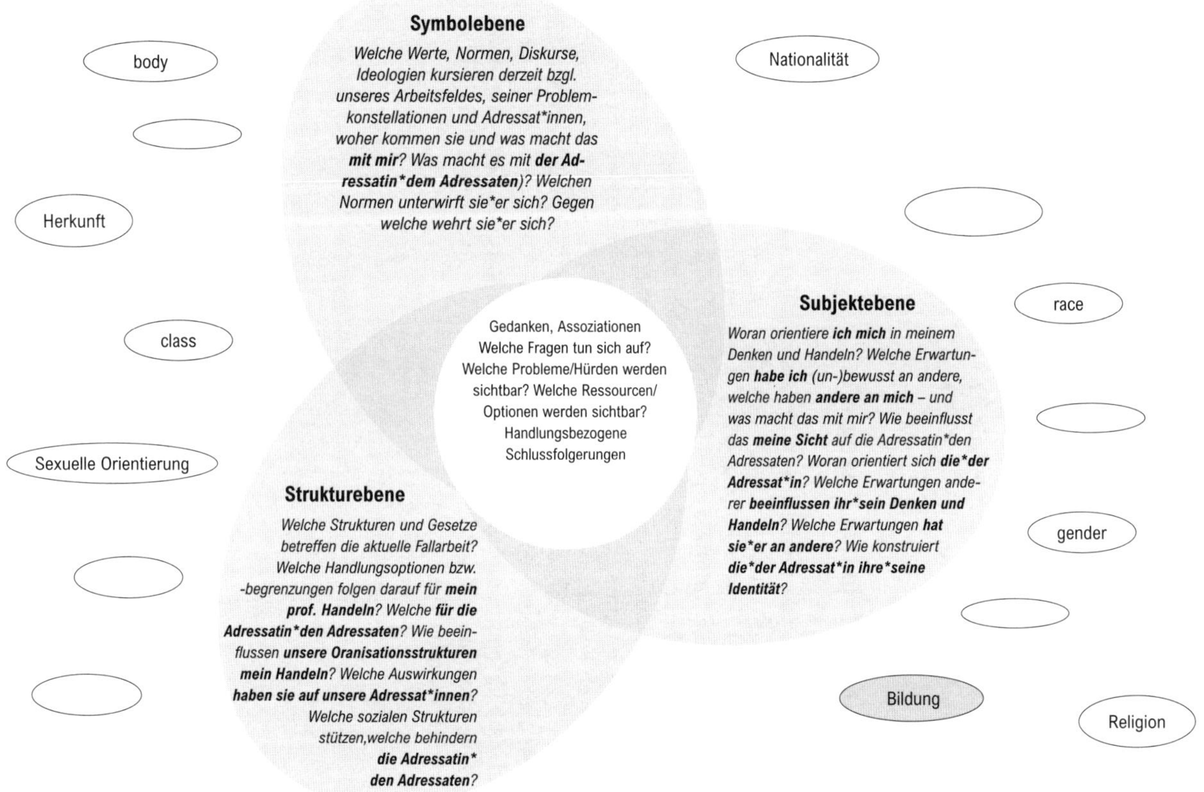

Abb. 4: Intersektionale Fragegrafik (eigene Darstellung)

4.6 Zusammenfassung: Intersektionale Wechselwirkungen

Mit der Darstellung der Wechselwirkungen zwischen (1) den Ebenen sozialer Ungleichheit, (2) den Kategorien sozialer Ungleichheit sowie (3) den Ebenen und den Kategorien wurde deutlich, inwieweit intersektionale Analysen differenzierte macht- und herrschaftsbezogene Rekonstruktionen sozialer Ungleichheit ermöglichen. Dabei wurde ebenfalls deutlich, wie überaus komplex sich Wechselwirkungen zwischen Ebenen und Kategorien vollziehen und welch hohe Anforderungen sich folglich für intersektionale Analysen ergeben, die die Komplexität sozialer Wirklichkeit sowie individuelle Denk- und Handlungsmuster bzw. Lebenssituationen erfassen wollen. Zur Erfassung und Nachvollziehbarkeit dieser Komplexität können die vorgestellten Analyseraster und die Fragegrafik dienen. Allerdings zeigt sich auch, inwiefern v.a. das Raster einerseits ein hilfreiches Instrument zur Erfassung komplexer Prozesse ist, andererseits die damit verbundene Fixierung wiederum zu Wirklichkeitsreduzierungen führen kann. Wichtige Momente im Sinne weiterführender Erkenntnisprozesse sind daher Unsicherheiten, Widersprüche und Fragen, die sich während der Arbeit mit intersektionalen Hilfsmitteln ergeben. Denn Unsicherheiten und Fragen der Zu- und Einordnung, erkennbare Widersprüche zwischen den Ebenen und/oder Kategorien usw. verweisen gerade auf die Komplexität und Verwobenheit von Kategorien und Ebenen, die sich nur schwer fixieren lassen. Deren Reflexionen sind daher wichtige Erkenntnismomente und folglich elementarer Bestandteil intersektionaler Analysen.

Für die Soziale Arbeit im Sinne einer subjektorientierten professionellen Praxis erachten wir es als notwendig, mit den Adressat_innen gemeinsam mit den intersektionalen Hilfsmitteln zu arbeiten. Dadurch können subjektive Lebenslagen und Handlungsgründe sowohl von Sozialarbeitenden als auch von Adressat_innen vertieft eruiert sowie als mit gesellschaftlichen Ungleichheits- und Herrschaftsmechanismen komplex und widersprüchlich zusammenhängend erfasst und verstanden werden. Auf diese Weise können individualisierende Problemzuschreibungen aufgedeckt werden – eine wichtige Voraussetzung für das Erkennen möglicher Handlungsperspektiven. Im abschließenden 5. Kapitel werden Fragen hinsichtlich intersektionaler Perspektiven für die professionelle Praxis weitergeführt.

5 Nutzen, Anforderungen und Herausforderungen eines intersektionalen Analyseblicks in Praxis und Forschung

Historisch betrachtet, sind soziale Ungleichheiten und deren Konsequenzen für Individuen seit den Anfängen Sozialer Arbeit ein zentrales Thema der Profession. So standen Armut, Devianz und abweichendes Verhalten schon zu Beginn der Profession im Zentrum mit dem Ziel, Individuen mehr soziale Teilhabe zu ermöglichen und deren Handlungsmöglichkeiten zu erweitern (vgl. z.B. Maurer 2001; Hauss 1995; Matter 2011). Soziale Kategorien spielen also von jeher eine Rolle in der Sozialen Arbeit und damit eben auch Prozesse des Unterscheidens und Normierens. Wie bereits dargelegt, stellt sich prinzipiell die Frage, ob Soziale Arbeit überhaupt *ohne* Prozesse des Kategorisierens auskommt. Anders gefragt: Können Zielgruppen und Probleme überhaupt benannt, analysiert, bearbeitet werden, *ohne* zu unterscheiden und zu kategorisieren? Und kann innerhalb der Sozialen Arbeit differenziert und kategorisiert werden, ohne zu normieren – womit immer die Gefahr des Ein- und Ausgrenzens einhergeht? Wir behaupten: *nein*.

Allerdings kann das Intersektionalitätskonzept dazu beitragen, die Verstrickung Sozialer Arbeit in auf Ungleichheit bezogene Prozesse des Problembeschreibens, -analysierens, -handelns usw. zu erkennen und zu minimieren. Wie bereits erläutert, liegt der Nutzen im intersektionalen Analysekonzept darin, Diskriminierungen zu verstehen und soziale Ungleichheiten differenziert zu analysieren. Damit besteht auch die Möglichkeit, Konstruktionsprozesse von diskriminierenden Kategorien in Praxis und Forschung erkennen und widerlegen zu können. Hierbei erschließt sich ein weiterer Nutzen in Praxis und Forschung: Das Erkennen von paternalistischen und ungleichen Beziehungen in der Analyse und Anamnese von sozialen Problemen und Lebensrealitäten. Wir möchten daher im Folgenden die Chance ergreifen, Nutzen, Anforderungen und Herausforderungen eines intersektionalen Analyseblicks in Forschung und Praxis dahingehend kritisch unter die Lupe zu nehmen.

Ausgehend von Rahmenbedingungen, Aufgaben und Zielen Sozialer Arbeit wird zunächst dargestellt, wie soziale Ungleichheit und soziale Kategorie(sierung)en in der Sozialer Arbeit auf verschiedenen Ebenen miteinander verbunden sind. Daran anschließend wird diskutiert, wie Intersektionalität dazu beitragen kann, Ungleichheit generierende Prozesse innerhalb Sozialer und wissenschaftlicher Arbeit zu erkennen. Dabei stehen auch methodologische Möglichkeiten im Umgang mit intersektionalen Denkweisen im Fokus. Hierbei werfen wir vor allem ein (selbst)kritisches Schlaglicht auf eine Leerstelle bzw. auf die Konsequenz des Arbeitens mit dem Ansatz der Intersektionalität: auf die Hierarchien zwischen Anbieter_innen sozialer Hilfeleistungen und Bezieher_innen ebensolcher bzw. auf den Gap zwischen Forschenden und Beforschten. Dieses Schlaglicht beinhaltet die Notwendigkeit Intersektionalität als eingreifende Sozialforschung bzw. als partizipative Gestaltung von Hilfeleistungen zu denken. Um diese Notwendigkeit herzuleiten, möchten wir die bisherigen Aspekte der Intersektionalität um folgende Punkte erweitern: die eigene Verstrickung und Kollaboration mit sozialer Ungleichheit, die Selbstreflexion bzw. die eigene Standortbestimmung und konkrete Handlungsperspektive.

5.1 Soziale Arbeit und ihre „Verstrickung" mit sozialer Ungleichheit

Internationale und nationale ethische Standards und Richtlinien der Sozialen Arbeit fordern Sozialarbeiter_innen dazu auf, Social Justice umzusetzen, Diskriminierung entgegenzutreten und soziale Teilhabe zu ermöglichen. Hierzu zwei Zitate aus internationalen bzw. nationalen Richtlinien:

> „Social workers have a responsibility to promote social justice, in relation to society generally, and in relation to the people with whom they work. This means [...] Social workers have a responsibility to challenge negative discrimination on the basis of characteristics such as ability, age, culture, gender or sex, marital status, socio-exonomic status, political opinions, skin colour, racial or other physical characteristics, sexual orientation, or spiritual beliefs. (International Federation of Social Workers 2004)

> „Soziale Arbeit ist ein gesellschaftlicher Beitrag, insbesondere an diejenigen Menschen oder Gruppen, die vorübergehend oder dauernd in der Verwirklichung ihres Lebens illegitim eingeschränkt oder deren Zugang zu und Teilhabe an gesellschaftlichen Ressourcen ungenügend sind." (Berufskodex Soziale Arbeit Schweiz 2010, Art. II.5.3)

Die beiden Zitate zeigen, dass es in Ansprüchen und Zielen Sozialer Arbeit auch darum geht, einen Beitrag zu mehr sozialer Gerechtigkeit zu leisten, soziale Problemlagen zu reduzieren sowie Teilhabechancen und Partizipationsmöglichkeiten von Adressat_innen zu erweitern. Damit rückt ein

Dilemma der Sozialen Arbeit in den Vordergrund. Um gesellschaftliche Differenz- und Ungleichheitsverhältnisse zu verändern, müssen diese benannt werden. Damit entsteht die Gefahr, dass Ziel- und Anspruchsformulierungen Sozialer Arbeit *kategoriale Diskriminierungen reproduzieren*, weil Sozialarbeitende in ihrer konzeptionellen und praktischen Arbeit unterscheiden, normieren und differenzieren, so z.B. in der Benennung von Zielgruppen („Suchtkranke“, „Arbeitslose“), in der Ausschreibung von Angeboten („für von Gewalt betroffene Frauen“, „für Menschen mit Behinderung“), in der Bezeichnung von Einrichtungen („Jugendtreff“, „Beratungsstelle für Migrant_innen“) usw. Innerhalb Sozialer Arbeit wird folglich in bzw. mit sozialen Kategorien gesprochen und gearbeitet. Das heißt, indem definiert wird, wer (und aus welchen) Gründen Anspruch auf und Zugang zu spezifischen Angeboten hat, wird normiert und differenziert. Grundsätzlich ist dabei festzuhalten, dass Sozialarbeitende auch innerhalb gesellschaftlicher Verhältnisse, Dynamiken und Strukturen agieren. Wenngleich von Seiten Sozialer Arbeit oftmals Kritik an gesellschaftlichen Verhältnissen geübt und Veränderungen angestrebt werden, so agieren Sozialarbeitende doch nie „außerhalb“ gesellschaftlicher Verhältnisse. Folglich werden Rahmenbedingungen sowie Aufgaben und Handlungsfelder Sozialer Arbeit durch diverse Ungleichheits-, Macht- und Herrschaftsverhältnisse strukturiert. Das bedeutet wiederum, Soziale Arbeit kann sich diesen nicht entziehen, und Sozialarbeitende sind vielmehr Teil davon bzw. laufen Gefahr, selbst gesellschaftliche Ungleichheitsprozesse zu reproduzieren (vgl. Kessl 2006). Sozialarbeitende sind Teil dieser Verhältnisse, stellen diese her, reproduzieren diese und profitieren vielleicht sogar davon.

Die bisherigen Ausführungen verweisen auf ein grundsätzliches Spannungsfeld, in dem sich Soziale Arbeit permanent befindet und welches aus intersektionaler Perspektive besonders interessant ist. Vor dem Hintergrund ihrer Ansprüche und Ziele will Soziale Arbeit einerseits aufmerksam machen auf und sensibel sein für Differenzen von Menschen sowie damit einhergehende Ungleichheitsprozesse. Andererseits arbeitet die Soziale Arbeit mit gesellschaftlichen Diskursen, Bildern und Zuschreibungen. Wenn z.B. „die“ Flüchtlinge oder „die“ HIV-Positiven benannt werden, um deren Anliegen sichtbar zu machen, dann liegen diesen Begriffen Normierungen und soziale Differenzierungen zugrunde, welche wiederum mit Macht- und Ungleichheitsprozessen zusammenhängen. Intersektionale Analyse- und Anamnesekompetenzen lassen einen professionellen Umgang mit diesem Spannungsfeld differenzierter, breiter und sensibler werden. Das heißt, Maßnahmen, Angebote oder Handlungskonzepte etc. der Sozialen Arbeit können mit einem intersektionalen Analyseblick dahingehend reflektiert werden, inwieweit sie der Vielschichtigkeit ihrer Adressat_innen gerecht werden. Religion, soziale Klasse, Gender, sexuelle Orientierung, kulturelle Herkunft, Migration, Alter, Stadt/Land, Hautfarbe, „Behinderung"/ Nicht"Behinderung" etc. – es ist nie im Voraus klar, welche Kategorien relevant sind und wie sie miteinander zusammenhängen. Der Nutzen einer intersektionalen Perspektive liegt darin, der Vielschichtigkeit ihrer Adressat_innen, ihren Problemen und konkreten Lebenssituationen gerechter zu werden, weil intersektionale Analysekompetenzen Macht- und Ungleichheitsprozesse innerhalb einer Kategorie identifizieren. Ebenso werden Verwobenheiten und Zusammenhänge mehrerer Kategorien fokussiert, und es kann erkannt werden, wann welche Kategorie(n) relevant sind und warum diese in den Vorder- oder Hintergrund rücken (vgl. Kapitel 4).

An dieser Stelle möchten wir den Nutzen und die Anforderungen eines intersektionalen Analyseblicks auf die *konkrete Fallpraxis* hin beschreiben. In jedem einzelnen Fall geht es zunächst um eine *intersektionale Wahrnehmung der Lebenslagen* und Handlungsgründe von Adressat_innen (vgl. Riegel 2012: 54). Dies verhindert eine Vereinheitlichung von sozialen Gruppen: Adressat_innen werden als Subjekte wahrgenommen anstatt als Angehörige einer sozialen Gruppe, z.B. „die Frauen", „die Behinderten", „die Flüchtlinge", „die Jugendlichen" usw. Dieser Analyseblick ermöglicht einen Umgang mit dem beschriebenen Dilemma – der Benennung und dadurch der Reproduktion von Identifikationen mit sozialen Kategorien –, weil sich aufgrund der Vielschichtigkeit und Verwobenheit *individuelle Problemursachen und Handlungskonsequenzen* ergeben. So erlebt beispielsweise eine Person mit „Behinderung" in der Beratung nicht nur wegen ihrer körperlichen Einschränkung Ausgrenzungserfahrungen, sondern womöglich auch aufgrund von Klassismus, Heterosexismus oder Rassismus usw. Am Beispiel von Jugendlichen in einer Jugendhilfemaßnahme lässt sich dies genauer nachvollziehen:

Jugendliche in der Jugendhilfe haben in der Regel einen mehr oder weniger langen Weg hinter sich, welcher zur aktuellen „Maßnahme" führte. Die Jugendlichen machten in der Regel Erfahrungen, in irgendeiner Form nicht zu „funktionieren" und von spezifischen Normalitätserwartungen „abzuweichen". Dadurch erleben Jugendliche die Jugendhilfe *zunächst* nicht als einen Ort, an dem sie Anerkennung erfahren für das, was sie sind. Vielmehr verdeutlicht die „Platzierung" in der Jugendhilfemaßnahme zunächst einmal ein Abweichen von der Norm. Mit einem intersektionalen Analyseblick können professionelle Jugendarbeiter_innen ihre eigenen Interpretationen (der spezifischen Biografie oder Lebenssituation) sowie die der Jugendlichen sensibilisieren und vertiefen. Beim gemeinsamen Arbeiten mit dem intersektionalen Frageraster (vgl. Kapitel 4) kann aufgedeckt werden, wie das individuelle Verhalten, die individuelle Lebenssituation mit der Wirksamkeit verschiedener sozialer Kategorisierungen und Ebenen zusammenhängt. So kann beispielsweise gefragt werden, wo der_die Jugendliche in seinen_ihren Lebenspraxen auf Ungleichheit bewirkende, begünstigende und/oder beschränkende Strukturen stößt oder gesellschaftliche Normierungen erfährt. Dies ermöglicht auch, die Wirksamkeit mehrerer sozialer Kategorien zu analysieren, anstatt Jugendliche allein als Ausländer_innen, Schulverweigerer_innen, sozial Benachteiligte, Homosexuelle oder Verhaltensauffällige etc. zu sehen. Sozialarbeitende können hier eine wichtige „Aufdeckungsarbeit“ leisten: mit den Jugendlichen *Widersprüche aufspüren und diese ent-individualisieren*, d.h. mit Jugendlichen gemeinsam zu erarbeiten, dass z.B. Gefühle der Überforderung, Erfahrungen des Ausschlusses, der Diskriminierung oder des Scheiterns in hohem Maße mit (intersektional wirksamen) Ungleichheitskategorien zusammenhängen und kein individuelles Versagen sind. Intersektional zu denken, bedeutet dabei immer auch stets, die zu den Ungleichheitskategorien gehörenden Herrschaftsverhältnisse in den Blick zu nehmen und zu überlegen, wie man sich dazu verhalten könnte.

Intersektionale Analysekompetenzen, dies wird deutlich, geben keine Anleitung für „richtiges“ professionelles Handeln. Aber im professionellen Handeln ist es, gerade mit Blick auf soziale Gerechtigkeit, hilfreich, verschiedene Interpretationsmöglichkeiten einzubeziehen und die eigenen, womöglich begrenzten, begrenzenden oder machtausübenden Sichtweisen zu reflektieren und/oder zurückzustellen. Intersektionale Kompetenzen tragen dazu bei, das Ineinandergreifen struktureller, symbolischer und subjektiver Ebenen von Diskriminierung zu reflektieren und unterschiedliche Diskriminierungsformen als herrschaftssichernde Prozesse zu denken und zu verändern. Im alltagspraktischen professionellen Handeln ist eine solche Analysehaltung herausfordernd. Ein intersektionaler Analyseblick kann helfen, bisher nicht Mitgedachtes zu erkennen. Die so beschriebenen intersektionalen Analyse- und Anamnesekompetenzen sind folglich notwendig bzw. hilfreich, um die Zusammenhänge zwischen Sozialer Arbeit und sozialer Ungleichheit zu erkennen und zu minimieren. Diese Verstrickungen und Kollaborationen vollziehen sich oftmals „hinter dem Rücken“ der Akteur_innen. Mit einer intersektionalen Perspektive kann allerdings gefragt werden: Wie, warum und mit welchen Konsequenzen ist Soziale Arbeit in Ungleichheit generierende Prozesse involviert?

Zusammenfassend ergeben sich folgende Hinweise auf Verstrickungen und Kollaborationen:

- Es entstehen Ungleichheit generierende und stabilisierende Prozesse in Strukturen, Konzepten, Selbstverständnissen innerhalb von Organisationen und Institutionen. So gilt es z.B., danach zu fragen, inwieweit

Einstellungspraxen, Diskussionskulturen, Handlungskonzepte usw. Ungleichheit generieren.

- Es entstehen Ungleichheit generierende und stabilisierende Prozesse in Konzipierungen konkreter Angebote sowie in der Praxis der Fallanalyse und -bearbeitung innerhalb der Einrichtungen. Intersektionale Kompetenzen erhöhen beispielsweise die Sensibilität für mögliche Ein- und Ausschlussmechanismen bestimmter Angebote sowie konkreter Fallpraxis.
- Es werden Ungleichheit generierende und stabilisierende Prozesse durch einzelne Sozialarbeitende hergestellt. Diese können mit einer intersektionalen Perspektive überprüft und minimiert werden.

Bei diesen Aspekten ist kritische (Selbst-)Reflexion unter intersektionaler Perspektive notwendig, um die sich meist sehr implizit vollziehenden Prozesse der Differenzierung, Normierung und Grenzziehung zu erkennen und zu minimieren. Dabei geht es mit Blick auf die beschriebenen verschiedenen Ebenen sowohl um die Reflexion der gesellschaftlichen Verhältnisse, in denen die Soziale Arbeit agiert, als auch um die Reflexion der eigenen sozialen Positionierung, d.h um Gesellschafts- und Selbstreflexion sowie Herrschafts- und Selbstkritik. Dieser Aspekt wird nun im Folgenden weiter ausgeführt.

5.2 Selbstreflexion und Standortbestimmung

Die eindrückliche Kritik von Audre Lorde an weißen Theoretikerinnen, dass sie sich nicht mit den Unterschieden *zwischen* Frauen befassen (vgl. Kapitel 3), illustriert sie an dem Beispiel, dass größtenteils arme und schwarze Frauen die Häuser der Feministinnen putzen und ihre Kinder hüten, während sie Konferenzen über feministische Theorie besuchen (vgl. Lorde 1984: 112). Diese Kritik zielt sicherlich darauf ab, Formen sozialer Ordnungsbildung zu beschreiben (vgl. Knapp 2013: 7), aber auch darauf, den eigenen Standort zu bestimmen, sich selbst zu ermächtigen und die eigene Sprachlosigkeit in Worte und Taten zu verwandeln (vgl. Lorde 1984: 41ff.). Auch die Kritik der „Black Autonomy" geht in eine ähnliche Richtung. Sie betont, dass die weiße Vorherrschaft in der Gesellschaft nicht auf rassistische Strukturen und Ideologien zu reduzieren ist, sondern dass soziale Ungleichheiten immer auch Formen *der inneren Kolonialisierung und Ergebnisse des Teilhabens* sind (vgl. Jackson 2009: 45ff.).

Mit diesen kleinen Schlaglichtern möchten wir einen weiteren Aspekt zur Nutzung der intersektionalen Denkweise aufgreifen. Der Nutzen liegt in der Selbstreferenz – also in der Bezugnahme darauf, wie Andere einen selbst beschreiben oder betiteln –, mit dem Ziel der radikalen Infragestellung identitärer Kategorien und der Offenlegung von herrschaftslegitimierenden Kollaborationen. Die intersektionale Idee, dass Unterdrückungsverhältnisse miteinander verbunden sind und durch Teilhabe konstruiert bzw. durch ein „Sich-bewusst-in-Bezug-Setzen" dekonstruiert werden können, ermöglicht Blickwinkel der *je eigenen Standortbestimmung*. Denn intersektionale Sichtweisen ermöglichen:

- eine Vielschichtigkeit von Herrschaftsverhältnissen zu entdecken,
- unterschiedlichen Formen der sozialen Ungleichheit in ihren Wechselwirkungen zu betrachten,
- das Wechselspiel sozialer Beziehungen zu verdeutlichen,
- Ein- und Auswirkungen von sozialer Ungleichheit konzeptuell und begrifflich einzufangen.

Daher ist es gleichzeitig möglich, nicht nur gesellschaftliche Widersprüche empirisch zu rekonstruieren und zu erklären, sondern auch die eigene Stellung und Positionierung dazu. Dadurch zeichnet sich im intersektionalen Ansatz in der Darstellung und Analyse von sozialer Ungleichheit ein qualitativer Unterschied zu anderen Ansätzen ab: Neben dem Blick auf vertikale und horizontale Aspekte sozialer Ungleichheiten (vgl. Kapitel 2.2) sowie deren Wechselwirkungen und Entstehungskonstellationen, kommt auch die je eigene Teilhabe und (Re-)Produktion von sozialen Ungleichheiten in den Fokus.

In unseren Arbeiten, z.B. in der intersektionalen Dispositivanalyse zum postfordistischen Geschlechterregime (vgl. Paulus 2012, 2015), sind wir in diesem Zusammenhang aber auch auf eine Problematik der eigenen Standortbestimmung gestoßen:

Durch die Intention der intersektionalen Interviewauswertung – die Heraushebung der Beschränkungen individueller Lebensmöglichkeiten durch Herrschaftsverhältnisse und die Herausarbeitung subjektiver Befindlichkeiten sowie die subjektive Problematisierung von restriktiven gesellschaftlichen Verhältnissen – wird die Reichweite des intersektionalen Vorgehens deutlich. In diesem Zusammenhang bleiben die Auswertungen der Aussagen nach Handlungsfähigkeit oder nach dem Widerstand der Interviewpartner_innen gegen die Durchsetzung von Herrschaftsverhältnissen aufgrund der unterschiedlichen Erwartungen an widerständiges Verhalten bzw. aufgrund des Gaps zwischen Forschenden und Beforschten vage. Es gibt hierbei z.B. unterschiedliche Perspektiven auf Herrschaftsverhältnisse (diese sollen abgeschafft werden bzw. in ihnen soll ein würdevolles Leben möglich sein) oder auch andere Lebensinteressen. Folglich ist die Aufschlüsselung und Analyse der Reaktions- und Bewältigungsstrategien der Subjekte gegenüber Herrschaftsverhältnissen vage. Die Gefahr der Überinterpretation ihrer Interessen ist zu groß (vgl. Paulus 2012: 312, 391, 2013b).

In der Praxis Sozialer Arbeit ergibt sich ein solcher Gap zwischen Professionellen und Adressat_innen. Dies wurde in den vorangegangenen Aufforderungen, das intersektionale Analyseraster gemeinsam mit den Adressat_innen auszufüllen, bereits angedeutet. In den folgenden abschließenden Ausführungen wollen wir diesen Gedanken nochmals aufnehmen und weiterführen.

5.3 Zusammenfassung: Intersektionale Analysen als subjektorientierte Soziale Arbeit

Die vorangegangenen Ausführungen ergeben die konsequente Schlussfolgerung, dass eine intersektionale Vorgehensweise, die das Ziel hat, Herrschaftsverhältnisse und Widersprüche zum Vorschein zu bringen, Abhängigkeitsstrukturen offenzulegen und *paternalistische Handlungsvorschläge* (wie z.B. Unterdrückte Widerstand zu leisten haben) *zu vermeiden*, als Methode nur die *Forschung bzw. Praxis vom Subjektstandpunkt* sein kann (vgl. Markard 1993). Als Methode für eine intersektionale Analyse und Anamnese wäre es daher sinnvoll, die „Mit-Untersuchung" der Befragten einzuplanen, um die unterschiedlichen Perspektiven adäquat einzubeziehen. Folglich würde dies bedeuten, dass die Interviewpartner_innen bzw. die „Hilfebezieher_innen" nicht beforscht oder über sie bestimmt wird, sondern dass sie zu Mitforschenden werden (vgl. Freire 1973; Paulus 2013b, 2015). Eine Konsequenz aus diesem Vorgehen ist, dass die „Mituntersuchenden" *gemeinsam Strategien einer Handlungsmöglichkeit entwickeln* (vgl. Lewin 1948: 280; Moser 1978: 147f.). Dieses Vorgehen ist insofern auch von Bedeutung, weil die Gefahr eines unausgesprochenen Induktivismus besteht. Wissenschaftler_innen oder Sozialarbeitende deklarieren Wahrheit und Recht aus ihrer Profession heraus, was wiederum zu Abhängigkeiten gegenüber Wissenschaft und der Sozialen Arbeit führen kann (vgl. Freire 2007: 27ff.; 117ff.; Habermas 1971). Durch das Eingreifen der „Untersuchten" in die Auswertung und Anamnese sowie in die Darstellung ihrer gesellschaftlichen Realitäten ergeben sich wiederum Bezugspunkte und Reflexionen eigener Standpunkte. Damit ein intersektionaler Ansatz nicht selbstreferenziell und reduktionistisch auf einem Aspekt von gesellschaftlichen Ebenen und Kategorien agiert, bedarf es weiterer Überlegungen und

Handlungsperspektiven in der intersektionalen Analyse und Anamense, um Handlungsmöglichkeiten von Subjekten berücksichtigen zu können.

Anknüpfungspunkte für die Intersektionalität als eingreifende Sozialforschung könnten die von den italienischen Operaist_innen erarbeiteten Instrumente der *Mit-Untersuchung* (vgl. Quaderni Rossi 1972) oder die von der Kritischen Psychologie erarbeitete Forschung vom *Standpunkt des jeweiligen Subjekts* (vgl. Holzkamp 1997: 19ff.; Markard 1993) sowie Ansätze der *Handlungsforschung*/des *Action Research* (Moser 1978; Lewin 1948) liefern. Ein weiterer Ansatz ist die *soziale Gruppenarbeit*, in der gefragt wird, welche institutionellen Settings für Beziehungsgeflechte der Akteur_innen förderlich sein könnten, um den Eigensinn und die Kooperation sowie Ko-Produktion des Sozialen von Adressat_innen und Professionellen zu ermöglichen (vgl. Kunstreich 2014). Ziel dieser Ansätze ist es, Eingriffe und Behinderungen zu erkennen, strukturelle Faktoren zu bestimmen und Lösungsansätze zu formulieren (vgl. Alinski 2010).

Diese Überlegungen legen dar, inwiefern Sozialarbeitende sowohl zu verstehen haben, auf welchen Strukturen, Prinzipien und Mechanismen die Wirklichkeit der gesellschaftlichen Verhältnisse aufbaut, als auch auf welche Art und Weise *ihre eigenen Denk- und Handlungsweisen in die soziale Wirklichkeit verstrickt sind* (vgl. Bettinger 2012). Folglich sind nicht nur die Handlungs- und Lebensvollzüge der Adressat_innen, sondern auch sozialpädagogische und -arbeiterische Praxen dahingehend zu hinterfragen, welche gesellschaftlichen Bedingungen und Strukturen sowie hegemonialen Wissensbestände ihnen zugrunde liegen und dementsprechend analysiert, kritisiert und verändert werden müssen. Bettinger fasst diesen Anspruch in Anlehnung an die Kritische Theorie wie folgt zusammen:

> „Soziale Arbeit hat nicht nur nach den gesellschaftlichen Bedingungen und Strukturprinzipien zu fragen und dabei die gesellschaftlichen Begrenzungen sowie materiellen und kulturellen Zwänge offen zu legen, denen die Menschen unterworfen sind, sondern darüber hinaus die als Sachzwänge unterstellten sozialen Phänomene, Erscheinungen, Gegenstände, Kategorien, Deutungsmuster usw. – die gesellschaftlichen Ordnungsvorstellungen und somit auch Aufgaben- und Funktionszuweisungen Sozialer Arbeit zugrunde liegen – nicht als ‚naturgegeben' und damit unveränderlich, sondern als in Diskursen durch kollektive, interessensgeleitete Akteure konstruiert zu begreifen." (Bettinger 2012: 181f.)

Bettinger betont den in Kapitel 5.1 aufgezeigten Zusammenhang zwischen gesellschaftlichen Strukturen und Bedingungen sowie den Aufgaben- und Funktionszuweisungen Sozialer Arbeit und fordert dessen kritische Reflexion. Als Folge mahnt er eine konsequent selbstbestimmte, politische und kritische Soziale Arbeit an, welche sich nicht in vorauseilendem Gehorsam neoliberalen Prinzipien und Profitinteressen unterwirft (vgl. ebd.). An diese Forderung haben Überlegungen hinsichtlich einer intersektionalen sozialarbeiterischen Praxis anzuknüpfen, da das intersektionale Handwerk ein hierfür notwendiges Analyseinstrument darstellt. Auf diesem Gebiet besteht allerdings noch ein erheblicher Entwicklungsbedarf für das Intersektionalitätsparadigma. Auf aktuelle Erfahrungen und Ergebnisse können wir daher auch noch nicht verweisen. Vielmehr müssen wir konstatieren, dass die intersektionale Perspektive und ihr innovatives Potential darin bestehen, dass sie in die Struktur der überkommenen Praxis der Delegation und Wegweisung von Problemen sowie den damit verbundenen Formen der wissenschaftlichen und behördlichen Arbeitsteilung intervenieren kann (vgl. Knapp 2013: 23). Allerdings muss die Kritik an diesen Arbeitsteilungen (z.B. die arbeitsteilige Untersuchung von Class, Race, Gender oder die behördliche Weiterreichung von Klient_innen) auch die *Kritik der Trennung zwischen Forschenden und Beforschten bzw. Helfenden und Hilfebedürftigen* einschließen. Diese Perspektive beinhaltet die je eigene Standortbestimmung, in der es darum geht, die je eigenen Grenzen zu erkennen, die je eigene gesellschaftliche Situierung zu verstehen, um sie gleichzeitig zu destabilisieren (vgl. Knapp 2013: 39). Zusammenfassend liegt unseres Erachtens die Perspektive intersektionaler Denkweisen in weiteren Überlegungen zur methodischen Analyse der Wechselwirkungen von sozialen Praxen, die über den makrotheoretischen Bezug hinaus auf die Darstellung der je eigenen Teilhabe an Herrschaftsverhältnissen verweisen, um die Stille der „Beforschten" und „Bedürftigen" in ein *Eingreifen der Mitforschenden* zu verwandeln.

Es bleibt festzuhalten, dass die Reichweite eines intersektionalen Vorgehens insofern an verschiedene Grenzen stößt, weil einerseits die Gefahr der Überinterpretation von Aussagen der Befragten besteht. Vor allem jedoch zeigen sich Grenzen, wenn andererseits die Befragten nicht in den Prozess der Auswertung oder Anamnese ihrer jeweiligen Realitäten eingebunden werden. Selbstkritisch formuliert: Dem Anspruch intersektionalen Forschens in Hinblick auf die Genealogie intersektionalen Denkens kann kein_e Forscher_in und Praktiker_in gerecht werden, wenn die „Beforschten" oder „Besorgten" nicht grundlegend einbezogen werden.

6 Praxisbeispiele

Im Beitrag von Anna Bouwmeester und Fabienne Friedli wird eine „intersektionale Reflexion“ unternommen. Die Autorinnen verknüpfen vor dem Hintergrund des Intersektionalitätskonzepts ihre Biografien mit ihren Erfahrungen in der Praxis sowie im Studium Sozialer Arbeit. Sie machen deutlich, worin das Weiterführende intersektionaler Analysekompetenzen liegt, und zwar sowohl hinsichtlich der Reflexion eigener Denk- und Handlungsmuster als auch professioneller Handlungskompetenzen.

Der Beitrag von Ming Steinhauer beschreibt die Umsetzung von Intersektionalität in der Arbeit von i-PÄD (Initiative intersektionale Pädagogik Berlin). Die Initiative ist seit 2014 ein Projekt des Migrationsrats Berlin-Brandenburg (MRBB) und wird vom Senat für Bildung, Jugend und Wissenschaft und der Initiative „Berlin tritt ein für Selbstbestimmung, Akzeptanz sexueller Vielfalt“ unterstützt. Die Autorin Ming Steinhauer (M.A.) ist seit April 2013 Teil des i-PÄD-Teams und arbeitet als pädagogische Mitarbeiterin und psycho-soziale Beraterin in einer nächtlichen Krisenanlaufstelle für Frauen* bei Wildwasser e.V. in Berlin.

6.1 Intersektionalität in der Praxis der Sozialen Arbeit – eine (Selbst-)Reflexion Oder: Wie aus einem Bauchgefühl ein Konzept wird

Anna Bouwmeester und Fabienne Friedli

Und was hat Intersektionalität mit uns zu tun?

Wenn wir uns als Sozialarbeiter_innen mit Intersektionalität befassen, müssen wir uns in unserer Arbeit als Person und als Professionelle in einem gesamtgesellschaftlichen Kontext stets mitdenken und selbst reflektieren. Dabei stoßen wir immer wieder auf eigene blinde Flecken. Der vorliegende Text ist deshalb als (Selbst-)Reflexion aufgebaut und versucht, sich so dem Ansatz der Intersektionalität in der Praxis der Sozialen Arbeit anzunähern. Folgende Fragestellung bildet den Hintergrund dieser Herangehensweise: Weshalb schreiben zwei weiße, 31-jährige Schweizerinnen, angestellt als wissenschaftliche Assistentinnen einer Fachhochschule für Soziale Arbeit, diesen Text? Und was hat das mit Intersektionalität zu tun?

Uns, den Autorinnen[1] dieses Textes, standen in unseren Lebensläufen wenig strukturelle Barrieren im Weg. Wir würden uns – vielleicht gerade deswegen – als zwei Frauen mit einer ordentlichen Portion Selbstbewusstsein bezeichnen. Wir haben eine Anstellung an der Fachhochschule als wissenschaftliche Assistentinnen, wir bilden uns im Master of Science Soziale Arbeit weiter und wir sind gut vernetzt. Wir gehören beide der Mittelschicht an und sind Frauen mit Privilegien – die uns mehr oder weniger bewusst sind. Wir wissen, dass nicht jede Frau, jeder Mensch so unbeschwert und lustvoll durchs Leben gehen kann, auch wenn sie_er sich noch so anstrengt. In unseren Lebensläufen gab es viele begünstigende Bedingungen, die uns den Zugang zu den verschiedensten Institutionen und Sozialräumen ermöglicht haben.

Das Konzept der Intersektionalität hilft uns, diese Privilegien analysieren zu können und mit den gesellschaftlichen Strukturen und den dazugehörigen Einschluss- bzw. Ausschlussmechanismen in einen Kontext zu bringen. Gesellschaftliche und biografische Verhältnisse von Sozialarbeitenden spielen für die Arbeit mit den Adressat_innen eine bedeutsame Rolle (vgl. z.B. Heiner 2010, Thiersch 2009). Wir wollen die Privilegien und begünstigenden Mechanismen in *unseren* Lebensläufen anhand einer biografischen Selbstreflexion verdeutlichen und damit die Relevanz der Intersektionalität für die Soziale Arbeit aufzeigen. Darauf folgend erläutern wir den Zusammenhang zwischen der Rolle der Sozialen Arbeit und dem Konzept der Intersektionalität, um dann die Chancen des Ansatzes für die Praxis zu diskutieren.

Biografische Selbstreflexion

Herkunft

Wir wurden 1985 als erste und auch einzige Kinder unserer Eltern geboren. Wir genossen beide eine Erziehung mit viel Aufmerksamkeit, Zuwendung und Liebe und hatten neben vielen Kontakten mit anderen Kindern auch oft mit Erwachsenen zu tun. In unseren Familien gab es einen finanziell privilegierteren Elternteil und einen, der aus einfachen Verhältnissen

1 Wir haben uns im Alter von 27 Jahren in der Praxis der Sozialen Arbeit kennengelernt und bald festgestellt, dass unsere biografischen Verläufe viele Ähnlichkeiten aufweisen. Diese Erkenntnis geht über unsere Bekanntschaft hinaus: Wir teilen diese biografischen Parallelen mit vielen Frauen, mit denen wir Soziale Arbeit studiert haben oder mit denen wir in der Praxis tätig waren.

stammte. Aufgrund der unterschiedlichen Milieus unserer Eltern wurde Zuhause oft – auch kontrovers – über Herkunft, die damit verbundenen Ressourcen, Ungleichverteilung und Politik diskutiert. Unsere Mütter waren beide in der feministischen Bewegung der frühen 1990er-Jahre engagiert und politisch aktiv. Unsere Väter hingegen erlebten wir eher als passiv, wenn auch politisch interessiert. In beiden Familien waren beide Elternteile berufstätig, jedoch zu unterschiedlichen Anstellungsprozenten. Unsere Mütter arbeiteten – entgegen der damaligen Erwartungen an Frauen mit Kindern zuhause zu bleiben – oft auch 50% oder mehr. Fabiennes Vater arbeitet als selbstständiger Optiker, ihre Mutter als Lehrerin und interkulturelle Vermittlerin. Annas Vater hat einen heilpädagogischen und ihre Mutter u.a. einen sozialarbeiterischen Abschluss. Sie sind bis heute beide im sozialen Bereich tätig, dadurch erhielt Anna bereits früh Einblicke in diese Bereiche.

Schulische Bildung

Anna besuchte zwölf Jahre die Rudolf-Steiner-Schule und konnte prüfungsfrei für weitere zwei Jahre in das Gymnasium übertreten. Fabienne ging neun Jahre in die staatliche Schule und entschied sich danach für eine kaufmännische Lehre. Beide erlebten wir die Schulzeit als größtenteils unbeschwert; durch unsere neugierige Art waren wir engagierte Schülerinnen, und es gelang uns, gute bis sehr gute Noten zu schreiben. Dieses positive Erleben der Schulzeit bis zur Sekundarstufe II prägte unser Selbstbewusstsein und gab uns Vertrauen in unsere Selbstwirksamkeit. Weiter war es unseren Eltern wichtig, dass wir selbst wählen und entscheiden konnten, was wir aus unserem Leben machen wollten – immer mit ihrer emotionalen, manchmal auch mit ihrer finanziellen Unterstützung.

Studium der Sozialen Arbeit

Nach kurzer Suche des geeigneten Studiums und erfolgreichen Abbrüchen anderer Studien, begannen wir beide nach einer gelungenen Berufsberatung das Studium für Soziale Arbeit: Anna absolvierte das Vollzeit-Studium an der Berner Fachhochschule (BFH), Fabienne das berufsbegleitende Studium an der Hochschule Luzern (HSLU). Wir beide wurden an unserer „Wunsch"-Fachhochschule aufgenommen. Welche Rolle haben dabei unsere privilegierten Werdegänge gespielt? Unsere Bewerbungen – sei es für Arbeit oder für Wohnungen – waren meist erfolgreich. Durch diese positiven Erlebnisse, begünstigt durch unsere Privilegien, haben wir an Selbstvertrauen gewonnen. Dieses Auftreten hat dazu geführt, dass wir selten abschlägige Bescheide erhalten haben. Was uns natürlich wieder bestärkt in unserem Sein und unserem Selbstbewusstsein. Wie mag es für Menschen sein, die tagtäglich das Gegenteil erleben?

Finanzielle Unterstützung erhielten wir während des Studiums durch Eltern oder nahe Verwandte. So konnten wir mit zwar kleinem Budget, aber dennoch gut über die Runden kommen.

In einer Art Klassenverband studierten wir mit anderen Menschen im Alter von 20 bis 50 Jahren Soziale Arbeit: Alle waren weiß, zwei Drittel waren Frauen, einige hatten soweit einen Migrationshintergrund, als dass ein Elternteil nicht mitteleuropäisch war. Die meisten sind in der Schweiz aufgewachsen. Wir waren rückblickend – trotz aller Differenzen, die wir in Diskussionen hatten –, eine ziemliche homogene Gruppe von Studierenden. Die Dozierenden spiegelten unsere Klasse sowohl an der BFH als auch an der HSLU eins zu eins wider: weiße Frauen und Männer, die uns die mitteleuropäische Geschichte der Sozialen Arbeit lehrten. Kaum ein Exkurs nach Übersee oder in die kritischen Theorien. Ein Dozent hatte eine körperliche Beeinträchtigung, die er offenlegte: Er war auf einem Ohr taub.

Praxiserfahrung

Unsere Praxiserfahrung haben wir im Suchtbereich, in der Schulsozialarbeit, Familienberatung und Arbeitsintegration mit hauptsächlich jungen Erwachsenen gewonnen. Die Teamkonstellationen unterschieden sich in der Zusammensetzung und Homogenität in keinerlei Weise von denjenigen an den Hochschulen. Unsere Klientel wiederum war sehr heterogen: Menschen aus den tiefsten Tälern des Berner Oberlandes gaben sich mit Menschen, die vom einen Kontinent auf den anderen geflüchtet sind, die Klinke in die Hand. Zudem stellten wir fest, dass sich die Zugangsmöglichkeiten zu Institutionen unterscheiden: Beispielsweise werden in ein Arbeitsintegrationsprogramm nur Jugendliche aufgenommen, die sich bei der Regionalen Arbeitsvermittlung (RAV) stellensuchend gemeldet haben, weil sie keine Lehrstelle finden. In einer Suchtberatungsstelle melden sich Personen größtenteils freiwillig, darunter waren wenige Migrant_innen. Durch Spezialisierung und Hochschwelligkeit finden bei den sozialarbeiterischen Angeboten, die u.a. durch Steuergelder finanziert werden und deshalb für alle zugänglich sein sollten, bereits Ausschlussmechanismen statt. Wer hat Wissen über die Hilfesysteme? Wie kann man sich Zugang verschaffen? Wer gehört warum wohin und wer fällt durch die Maschen?

Durch unsere Erziehung und Sozialisation wurden wir sensibilisiert, auf strukturelle und individuelle Ursachen zu achten und diese in unsere Arbeit miteinzubeziehen. Wir realisierten schon früh im Studium, dass sich die Hintergründe und Geschichten der Adressat_innen stark unterscheiden. Die Forderung nach Gleichbehandlung sahen wir unabhängig voneinander mit als Grund für Ungleichbehandlung, denn: Ungleiches kann nicht gleich behandelt werden. Für uns ging es in der Praxis stets darum, auch soziale Gerechtigkeit[2] herbeizuführen und bei Interventionen auch Herkunft, Milieu, Erziehung, Bildung etc. mitzudenken – wie wir es von Vordenker_innen wie z.B. Hans Thiersch, Alice Salomon oder Pierre Bourdieu kennen. Und: Soziale Arbeit war und ist auch immer politische Arbeit. Wir haben uns über die neoliberalistischen Ansätze und die damit verbundenen Diskriminierungstendenzen in der Sozialen Arbeit empört, jedoch fehlten uns oft die Worte, dies konkret zu fassen und schlüssig zu begründen. In der Arbeit mit den Adressat_innen fielen uns immer wieder neue Zusammenhänge zwischen Diskriminierungen auf, doch uns fehlte ein Konzept, um diese als sich wechselseitig beeinflussend erklären zu können.

Feminismus

Durch die Erziehung unserer Mütter, durch Freundschaften mit anderen Frauen, fand bei uns immer wieder eine Auseinandersetzung mit Feminismus, Frausein und Gleichberechtigung statt. Wir haben uns in konkreten Situationen aufgrund unseres Geschlechts selten benachteiligt gefühlt. Und wenn doch, haben wir dagegen gekämpft, z.B. beim Lohn. Den Kampf gegen die soziale Ungleichheit führen zu können und gehört zu werden, das ist ein großes Privileg. Gleichzeitig war uns beiden klar, dass (nicht nur) die Schweiz weit entfernt von einer gleichberechtigen Gesellschaft ist, dass die Lohnunterschiede zwischen den Geschlechtern immer noch groß sind und dass Herkunft diese Unterschiede noch vergrößert; dass Armut insbesondere für alleinerziehende Mütter ein bedeutsames Risiko darstellt, dass Leitungsjobs immer noch viel häufiger an Männer vergeben werden (Bundesamt für Statistik (BFS), 2013) etc. Je mehr Faktoren, wie z.B. Nicht-weiß-zu-Sein, einen Migrationshintergrund zu haben, eine Behinderung zu haben, zu erkranken etc. zur Kategorie Gender hinzukommen, desto größer das Risiko, diskriminiert zu werden. Eine einleuchtende Erklärung für die-

2 Wir stützen uns aus auf die Definition von „sozialer Gerechtigkeit“ der Sozialen Arbeit gemäß IFSW: „Soziale Arbeit fördert als Profession und wissenschaftliche Disziplin gesellschaftliche Veränderungen und Entwicklungen, den sozialen Zusammenhalt und die Ermächtigung und Befreiung von Menschen. Dabei sind die Prinzipien der sozialen Gerechtigkeit, der Menschenrechte, der gemeinschaftlichen Verantwortung und der Anerkennung der Verschiedenheit richtungweisend. Soziale Arbeit wirkt auf Sozialstrukturen und befähigt Menschen so, dass sie die Herausforderungen des Lebens angehen und Wohlbefinden erreichen können. Dabei stützt sie sich auf Theorien der eigenen Disziplin, der Human- und Sozialwissenschaften sowie auf das Erfahrungs-Wissen des beruflichen Kontextes. Diese Definition kann auf nationaler und/oder regionaler Ebene weiter ausgeführt werden.“ (IFSW, 2014)

sen Tatbestand haben wir erst später mit dem Ansatz der Intersektionalität gefunden.

Freund_innen

Ähnlich zu unserem Ausbildungs- und Arbeitsumfeld verhält es sich mit unserem Freundeskreis. Die meisten Freund_innen sind weiß, gehören der Mittelschicht an, viele davon haben studiert, andere eine Lehre absolviert. Es sind Menschen mit unterschiedlichen sexuellen Orientierungen, mit monogamen, offenen oder polyamoren Beziehungen, mit zum Teil feministischen und/oder gesellschaftskritischen Einstellungen, die verschiedenste Lebensentwürfe verfolgen. Einige davon ziehen sich durch die Gründung einer Familie wieder vermehrt ins bürgerliche Privatleben zurück, andere leben mehr oder weniger mit Kind(ern) weiter wie bisher. Andere wollen (noch) keine Kinder und verfolgen vertieft ihre beruflichen oder privaten Interessen. Diese Freundschaften lassen verschiedene Lebens- und Beziehungsformen zu. Auffällig ist, dass die Zugehörigkeit zur Mittelschicht und zum „Weiß-Sein“ in unseren Freundeskreisen dominiert. Offenheit und Toleranz wird häufig postuliert, doch die Freund_innen bleiben unter ihresgleichen – das ist bei uns nicht anders.

Aktuell leben wir beide in einer heterosexuellen Partnerschaft. Unsere Erziehung und Sozialisation haben wir auch diesbezüglich als offen erlebt. Wir entsprechen beide den heteronormativen Vorstellungen unserer Gesellschaft. Unsere aktuelle Beziehungsform empfinden wir nicht als sakrosankt, sondern sind beide überzeugt, dass sich in dieser Hinsicht auch Veränderungen ergeben können und Platz haben. Diese Akzeptanz und Offenheit wurde durch unsere Eltern und unser Umfeld stark geprägt.

Mitarbeit an der Fachhochschule

An der Fachhochschule, an der wir nun arbeiten, repräsentieren wir eine ebensolch homogene Gruppe von Dozierenden und wissenschaftlichen Mitarbeitenden, wie wir sie in unseren Bachelors angetroffen haben. Auch die Dozierenden im Master sind bis jetzt zu 100% weiße Menschen, und wenn sie einen Migrationshintergrund haben, sind sie mehrheitlich von Deutschland in die Schweiz gezogen. Ebenfalls im Master sind wir das erste Mal mit dem Konzept der Intersektionalität in Kontakt gekommen. Obwohl wir Feministinnen sind und uns gut informiert fühlten, hörten wir erst als 30-Jährige davon. Das Konzept der Intersektionalität[3] wirft bezüglich vie-

3 Die Auseinandersetzung mit der Kritischen Theorie im Master hat ebenfalls dazu beigetragen, die Wirkung gesellschaftlicher Verhältnisse, von denen wir geprägt sind und die unser Handeln beeinflussen, zu verstehen und zu analysieren. Das

ler Problemstellungen innerhalb der Sozialen Arbeit Fragen auf und lässt uns unsere Arbeit, unser Studium, unser Denken und Handeln kritisch reflektieren: Welche Stereotypen der Sozialarbeiterin reproduzieren wir als Mitarbeiterinnen der Fachhochschule? Welche Informationen haben wir von weißen Männern übernommen, und welche Inhalte lassen wir von People of Color in der Lehre einfließen? Und wie bewusst oder unbedarft gehen wir mit dieser Macht um?

Die Rolle der Sozialen Arbeit und das Konzept der Intersektionalität

Wir leben (leider noch immer) in einer patriarchalen, kapitalistisch organisierten Gesellschaft (vgl. Winker/Degele 2009). Soziale Arbeit hat zum Ziel, Menschen, die davon aus verschiedensten Gründen (teilweise) ausgeschlossen sind, zu integrieren (Avenir Social 2010). Sie trägt dazu bei, Menschen an die normativen Vorstellungen einer vorherrschenden Politik anzupassen. Es kommt nicht selten vor, dass durch Anpassung Diskriminierungen weiter erhalten oder verfestigt werden. In vielen Arbeitsfeldern der Sozialen Arbeit besteht nur noch wenig Handlungsspielraum, um die betroffenen Menschen aus ihren benachteiligten Lebenssituationen zu befreien. Die Arbeit gleicht zum Teil eher einer Verwaltung der Situation der Adressat_innen als einer emanzipativen Begleitung auf ihrem weiteren Lebensweg. Die Verfestigung von Diskriminierungen und Ausschlussmechanismen beruht häufig auf verdeckten Rassismen, Sexismen, Klassismen und Bodyismen (vgl. Kapitel 2.5 in diesem Band).

Das Konzept der Intersektionalität sollte dazu dienen, genannte Kategorien in einer Ausbildung, im Berufsfeld mitzudenken und zu analysieren, in der Arbeit zu reflektieren und Bewusstseinsprozesse in Gang zu bringen. Umso erstaunlicher ist es, dass in den Ausbildungsgängen der Fachhochschulen in der deutschsprachigen Schweiz feministische und rassismuskritische Theorien, z.B. das Konzept der Intersektionalität, nur am Rande behandelt werden – wenn überhaupt. In der Praxis werden diese Themen individualisiert, was häufig zu einer Verfestigung von Stereotypen beitragen kann.

Rassismus etwa als strukturelle Gegebenheit zu betrachten und nicht als individuelle Angelegenheit abzutun, ist eine wichtige Voraussetzung für eine professionelle Soziale Arbeit. Rassismus zieht sich seit Jahrhunderten durch die europäische Geschichte, durch das Herrschaftssystem. Betroffen davon sind immer noch die meisten Lebensbereiche (vgl. Yıldız/Stauber

Konzept der Intersektionalität erscheint uns deshalb schlüssiger für die Praxis, da der Fokus spezifisch auf Ungleichheitskategorien gelegt wird, die in der Sozialen Arbeit wirken.

2014). Im Zusammenhang mit den Ausbildungsstätten der Sozialen Arbeit tauchen folgende Fragen auf: Wer studiert Soziale Arbeit? Wer lehrt Soziale Arbeit? Wer wird zum Studium zugelassen? Was sind die Kriterien für eine Zulassung, und wer formuliert diese? Welche Inhalte des Studiums werden für die Praxis der Sozialen Arbeit als relevant erachtet? Weiter stellen sich Fragen für die verschiedenen Arbeitsfelder: Wer arbeitet als Sozialarbeiter_in? Wer leitet eine Institution? Wie sind die Zugangsmöglichkeiten strukturiert? Mit welchen normativen Vorstellungen gehen die Sozialarbeitenden ihrer täglichen Arbeit nach? Rassismen werden verdeckt reproduziert, überall sind solche Mechanismen auffindbar. Wir tragen sie bereits durch unsere Biografien mit uns. Dies verhält sich genauso mit den anderen Kategorien: Gender, Class und Body (siehe Kapitel 2.5 in diesem Band).

Weitere wichtige Erkenntnisse ergeben sich beim Thema Feminismus: Der uns vertraute Feminismus bezog sich bis anhin in erster Linie auf den Feminismus von weißen, bürgerlichen Frauen. Black Feminism, Critical Race Theory – davon hatten wir bis zur Mastereinheit Intersektionalität im Studium nichts gehört. Für eine differenzierte, professionelle Arbeit, die versucht, Menschen zu einem selbstbestimmten Leben zu befähigen, ist es wichtig, ein Bewusstsein dafür zu erhalten, dass wir als weiße, bürgerliche Sozialarbeiter_innen in einer Gesellschaft unterwegs sind, die diese heteronormativen, diskriminierenden Schemata etabliert. Wie verhält es sich z.B. mit der Geschichte der Sozialen Arbeit? Weiße bürgerliche Frauen übernahmen das berufliche Feld und wirkten als kontrollierende Instanz auf die Lebensumstände der Arbeiter_innenschicht ein – sie wollten sie an die, aus ihrer Sicht erwartbaren Normen anpassen (vgl. Heite/Vorrink 2013). Es ist unabdingbar für eine professionelle Soziale Arbeit, genau diese Aspekte mitzudenken.

Die Auseinandersetzung mit den bestehenden Herrschaftsstrukturen und den hegemonialen Diskursen und das daraus entstehende Bewusstsein für die diskriminierenden Kategorien sind relevant für eine professionelle Soziale Arbeit, die sich auf dem Berufskodex (Avenir Social 2010) bezieht: als parteiliche Soziale Arbeit, die nicht zum Ziel hat, Menschen dem neoliberalistischen System weiter zu unterwerfen, sondern es als ihre Aufgabe sieht, diese zur Selbstbestimmung zu befähigen (vgl. Thiersch 2014). Das Kennenlernen der Intersektionalität ließ unser „Bauchgefühl" für Diskriminierungen durch ein Konzept begreifen und in Worte fassen. Die wechselseitige Wirkung der verschiedenen Kategorien auf unterschiedlichen Ebenen in diesem Konzept zeigt den Zusammenhang zwischen Gesellschaft, deren Herrschafts- und Machtstrukturen und den daraus folgenden Diskriminierungen auf. Diese Analyse deckt blinde Flecken auf: Eine Klientin mit Migrationshintergrund bleibt z.B. nicht eine Klientin mit Migrationshintergrund, sondern ihr Betroffensein von den Kategorien Gender, Race, Class und Body zeigt viel mehr über ihre Gesamtsituation auf. Diese Erkenntnisse liefern differenziertere Erklärungen für das Verständnis ihrer Lebenslage und eine angemessene Intervention.

Chancen des Intersektionalitätskonzepts für die Praxis der Sozialen Arbeit

Unsere beiden Situationen stehen exemplarisch für viele Lebensläufe von Sozialarbeiter_innen. Viele Menschen, die wie wir in der Sozialen Arbeit tätig sind, genießen vorgängig beschriebene Privilegien, teilweise ohne sich dieser bewusst zu sein. Doch das Bewusstsein und die Reflexion über diesen Hintergrund spielen eine große Rolle in der Arbeit mit Menschen, die solche Privilegien nicht haben und dadurch verschiedenste Benachteiligungen erfahren. Professionalität besteht u.a. darin, nicht die eigene (privilegierte) Biografie auf andere Menschen zu übertragen, sondern die Einzigartigkeit der Lebensläufe zu berücksichtigen und in die Arbeit mit einzubeziehen.

Es ist offensichtlich, dass es unterschiedliche Voraussetzungen gibt, die Zugangschancen in einer Gesellschaft ermöglichen oder erschweren. Dies wird in den Theorien der Sozialen Arbeit behandelt und findet auch in der Praxis Einzug (vgl. Thiersch 2014). Doch die intersektionale Perspektive ist u.a. in der Praxis als Analyseinstrument bisher wenig bekannt.

Wir stellen uns vor, wie bereichernd es gewesen wäre, beispielsweise in Intervisionen und Supervisionen, Themen mit dem Konzept der Intersektionalität zu untersuchen. Die bestehenden Strukturen und Diskurse hätten wir mitberücksichtigt, wir hätten unsere eigenen Bilder zu Kategorien wie Race, Gender, Body und Class in diesen Situationen reflektieren und mit dem Team diskutieren können. Dadurch wären wir gemeinsam auf unsere blinden Flecken und Stereotype gestoßen und hätten unsere Haltungen überprüfen und differenzieren können. Das wiederum hätte nicht nur einen erheblichen Einfluss auf die Arbeit mit den Adressat_innen, sondern wahrscheinlich auch zur Veränderung gewisser struktureller Gegebenheiten beigetragen – bestenfalls.

Stattdessen werden gemäß unserer Erfahrungen in der Praxis die Inhalte der professionellen Austausch-Gefäße meistens auf der individualisierten Ebene abgehandelt. Es wird nach Problemen und Lösungen im persönlichen Bereich der Adressat_innen gesucht und die Interventionsmöglichkeiten gestalten sich dementsprechend.

Es gibt unseres Erachtens verschiedenste Gründe, die das „Nicht-Ankommen" des Konzepts Intersektionalität in der Ausbildung und der Praxis der Sozialen Arbeit erklären. Es würde hier zu weit führen, diese ausführlich zu behandeln. Zu erwähnen sind der Zeitdruck und die Bewältigung sich häufender administrativer Aufgaben. Weiter verschärfen sich im Zuge der Ökonomisierung der Sozialen Arbeit normative Vorstellungen zu Effizienz, Leistungsorientierung und Wettbewerb – um nur einige zu nennen. Politische und organisationale Vorgaben verhindern oftmals eine strukturelle Verbesserung der Lebenssituationen der Adressat_innen, Probleme werden individualisiert. Es stellt sich die Frage, wer an einer nachhaltigen Veränderung von Lebensumständen von Menschen interessiert ist und wer an der Erhaltung des Status quo. Demzufolge ist die Auseinandersetzung mit dem Konzept Intersektionalität von unterschiedlichem Interesse.

Intersektionalität hat mit uns zu tun!

Wir stimmen mit Hans Thiersch und Klaus Grunwald (vgl. 2004) sowie mit Silvia Staub-Bernasconi (vgl. 2007) u.a. überein, dass das Reflektieren von herausfordernden Situationen im sozialarbeiterischen Alltag unabdingbar ist. Aus der Reflexion ergeben sich Fragen hinsichtlich der Intervention und dafür werden Erklärungen gesucht. Durch die daraus entstehende Offenheit, die neugierige und fragende Haltung erschließen sich neue Konzepte. Hier kann Intersektionalität ins Spiel kommen. Die Auseinandersetzung mit solchen herrschaftskritischen Ansätzen und die Analyse der Situation haben wiederum einen verändernden Einfluss auf die Praxis. So kann eine politische und herrschaftskritische Soziale Arbeit die Veränderung von Lebensumständen durch das Schaffen von Zugangsvoraussetzungen, Selbstbestimmung, Selbstermächtigung und die Erhöhung von Handlungsoptionen unterstützen, entgegen der Bearbeitung und Verwaltung von Adressat_innen, entgegen Stereotypen und abgestumpfter Routine.

Das Konzept der Intersektionalität öffnet den Blick, bringt Weitsicht, deckt blinde Flecken auf und schärft die Wahrnehmung. Die Konzentration auf mehrere Ungleichheitskategorien und deren Wechselseitigkeit ist die Chance des Ansatzes. Im Gegensatz zu anderen Konzepten wird eine *mehrperspektivische* Herangehensweise ermöglicht. Es wird nicht nur von *einer* Kategorie aus gedacht. Mehrere Ebenen (siehe Kapitel 4 in diesem Band) werden berücksichtigt. Dies kann wiederum zu neuen Fragen bis hin zu Überforderung führen – die Intersektionalitätsanalyse ist nie abgeschlossen. Eine sich selbst reflektierende und offene Haltung der Anwender_innen ist erforderlich.

Wir wünschen uns, dass zukünftige Sozialarbeiter_innen nicht 30 Jahre alt werden müssen, um das Konzept der Intersektionalität kennenzulernen. Wir wünschen, dass sie als selbst-, gesellschafts- und herrschaftskritische Professionelle mit einem differenzierten Bewusstsein und Mut zum aktiven Handeln gegen Diskriminierung in die Praxis gehen. Und dass sie versuchen, die Lebensumstände ihrer Adressat_innen so zu verändern, dass diese befähigt werden, sich aus den gegebenen unterdrückerischen Verhältnissen zu befreien.

Literatur

Avenir Social (2010): Berufskodex Soziale Arbeit Schweiz – Ein Argumentation für die Praxis der Profession [PDF]. Online verfügbar unter: http://www.avenirsocial.ch/cm_data/do_berufskodex_web_d_gesch.pdf [Zugriff: 18.11.2016].

Bundesamt für Statistik (2013): Gleichstellung von Frau und Mann. Online verfügbar unter: https://www.bfs.admin.ch/bfs/de/home/statistiken/wirtschaftliche-soziale-situation-bevoelkerung/soziale-situation-wohlbefinden-und-armut/ungleichheit-der-einkommensverteilung/einkommensverteilung.assetdetail.36037.html [Zugriff: 1.12.2016].

Grunwald, Klaus/Thiersch, Hans (Hrsg.) (2004): Praxis lebensweltorientierter Sozialer Arbeit. Handlungszugänge und Methoden in unterschiedlichen Arbeitsfeldern. Weinheim: Juventa.

Heiner, Maja (2010): Soziale Arbeit als Beruf. Felder, Fälle, Fähigkeiten. München: Reinhardt.

Heite, Catrin/Vorrink, Andrea J. (2013): Soziale Arbeit, Geschlecht und Ungleichheit – die Perspektive Intersektionalität. In: Kim-Patrick Sabla/Melanie Plößer (Hrsg.): Gendertheorien und Theorien Sozialer Arbeit. Bezüge, Lücken und Herausforderungen. Leverkusen: Barbara Budrich, S. 237–253.

IFSW (2014): IFSW-Definition der Sozialen Arbeit von 2014 mit Kommentar. Online verfügbar unter: http://cdn.ifsw.org/assets/ifsw_100253-6.pdf [Zugriff: 01.12.2016].

Staub-Bernasconi, Silvia (2007). Soziale Arbeit als Handlungswissenschaft. Bern/Stuttgart/Wien: Haupt (UTB).

Thiersch, Hans (2014): Soziale Arbeit in den Herausforderungen des Neoliberalismus und der Entgrenzung von Lebensverhältnissen. In: Panitzsch-Wiebe, Marion/Becker, Bjarne/Kunstreich, Timm (Hrsg.): Politik der Sozialen Arbeit – Politik des Sozialen: Opladen/Berlin/Toronto: Barbara Budrich, S. 323–340.

Thiersch, Hans (2009): Schwierige Balance. Über Grenzen, Gefühle und berufsbiografische Erfahrungen. Weinheim/München: Juventa.

Winker, Gabriele/Degele, Nina (2009): Intersektionalität – Zur Analyse sozialer Ungleichheiten. Bielefeld: transcript.

Yıldız, Safye/Stauber, Barbara (2014): Kategoriale Kritik: Beiträge der Geschlechterforschung und der rassismuskritischen Forschung zur Weiterentwicklung der Sozialen Arbeit. Online verfügbar unter: http://

portal-intersektionalitaet.de/theoriebildung/working-paper/kategoriale-kritik-beitraege-der-geschlechterforschung-und-der-rassismuskritischen-forschung-zur-weiterentwicklung-der-sozialen-arbeit/ [Zugriff: 08.12.2016].

6.2 Die Umsetzung von Intersektionalität in der Arbeit von i-PÄD (Initiative intersektionale Pädagogik Berlin)

Ming Steinhauer

Was ist i-PÄD?

Die Initiative intersektionale Pädagogik, für die die Abkürzung ‚i-PÄD' steht, ist ein Projekt aus Berlin, das die Anerkennung der Komplexität von Identitäten in der Pädagogik fördern will und seit 2011 besteht. i-PÄD bietet Workshops, Tagesseminare, Lehrveranstaltungen, Vorträge, Diskussionsrunden sowie Konzeptentwicklung, Coaching, Mediation, Beratung und Begleitung an für soziale Organisationen, Vereine, Verbände, Träger und für alle Menschen, die in sozialen Berufen tätig sind.

Was macht i-PÄD?

i-PÄD erarbeitet gemeinsam mit den Teilnehmenden in einem Workshop mögliche Handlungsoptionen anhand tatsächlich erlebter Beispiele aus der sozialen Praxis, ressourcen- und bedarfsorientiert im Hinblick auf jeden einzelnen Bereich. Pädagogische Fachkräfte werden in den Workshops für eine intersektionale Betrachtungsweise sensibilisiert, um Erfahrungen von Ausschlüssen, Unsichtbarmachungen und Abwertungen in der pädagogischen Arbeit zu erkennen und ihnen entgegenwirken zu können.

I-PÄD hat einen Schwerpunkt auf die Arbeit mit Studierenden an Fachhochschulen der Sozialen Arbeit und Ausbildungsstätten für Erzieher_innen gelegt. In der Zusammenarbeit wird thematisiert, wie die pädagogische Arbeit diskriminierungs- sensibel ablaufen und gestaltet werden kann. Es geht darum, dass alle Kinder und Jugendlichen, mit denen gearbeitet wird, auch in ihrer Verschiedenheit wahrgenommen und gleichberechtigt behandelt werden. Beschäftigte in (sozial)pädagogischen Bereichen sind täglich mit vielen verschiedenen Menschen und Identitäten konfrontiert. Auch wenn für viele Vielfalt kein Fremdwort mehr ist, fehlt es in der sozialen Praxis oft an Handlungsoptionen, Methoden und Wissen, um mit kaum oder nicht repräsentierten Lebensrealitäten respektvoll umzugehen. Bei Diskriminierungsvorfällen an Schulen und Kitas wissen viele Betroffene und Beteiligte oft nicht, dass es sich um Diskriminierung handelt. Werden Diskriminierungen erkannt, fehlt es zumeist an Wissen und Möglichkeiten, wirksam dagegen vorzugehen. Um die Lebenswelten aller Kinder und Jugendlichen mit Respekt behandeln zu können, ist es die Aufgabe von Erzieher_innen, sich der verschiedenen Diskriminierungsformen und möglichen Gründe für Ausschlüsse und Mobbing bewusst zu werden, sie zu verhindern und dagegen vorzugehen. Es ist notwendig, als Tätige_r in der pädagogischen Praxis über die verschiedenen Identitätsmerkmale Bescheid zu wissen, aufgrund derer Menschen Ausschlüsse bzw. gesellschaftliche Bevorzugungen erfahren können. Dazu zählen z.B. das Geschlecht eines Menschen, die (vermutete) Herkunft und/oder Religion, die sexuelle Orientierung, die Geschlechtsidentität (ob Menschen in dem Geschlecht leben wollen, das sie bei der Geburt zugewiesen bekommen haben oder nicht), der soziale Status, das Alter, das Aussehen, körperliche und geistige Befähigungen, etc. i-PÄD geht davon aus, dass all diese Merkmale für alle Menschen relevant und unterschiedlich sind. In den Workshops gibt es daher die Möglichkeit, bestehendes Wissen in Bezug auf Identitäten und Zugehörigkeiten zu hinterfragen und zu erweitern.

Wie arbeitet i-PÄD?

Die Initiative ‚i-PÄD – intersektionale Pädagogik' arbeitet mit einem Ansatz der vorurteilsbewussten Bildungsarbeit, der Menschen jeder Altersstufe ermöglicht, ein respektvolles Miteinander zu erlernen. Als Team von im Berufsleben stehenden Pädagog_innen, Erzieher_innen, Sozialarbeiter_innen, Politikwissenschaftler_innen, Psycholog_innen, Genderwissenschaftler_innen, psychosozialen Berater_innen, Mediator_innen oder/und Choreograf_innen werden verschiedene berufliche Erfahrungshintergründe und unterschiedliche Sichtweisen in die Arbeit mit eingebracht. Ein wesentlicher Anspruch von i-PÄD ist es nicht nur, die Komplexität von Identitäten selbst darzustellen, sondern auch aus der Perspektive einer ‚diskriminierungserfahrenen' Person heraus sprechen zu können, also von mindestens einer Diskriminierungsform selbst betroffen zu sein. Dieses Kriterium war von Anfang an sehr wichtig in der Gründungsgeschichte von i- PÄD.

In einem Interview, das Oktober 2016 geführt wurde, erzählen Tuğba und Bella persönlich von der Entstehung von i-PÄD, was ihnen dabei besonders wichtig ist und was die Arbeit auszeichnet:

Tuğba: Ich habe mich einfach nicht repräsentiert gefühlt in meiner Ausbildung zur Erzieher_in, als POC (Anm.: People of Color) nicht und als queere Person auch nicht. Später habe ich mit Sven zusammen Soziale Arbeit studiert, wir waren so sechs Erzieher_innen, die im Unterricht immer zusammen saßen. Wir haben manchmal die ‚Super Nanny' im Pädagogik-Unterricht geguckt und die Dozent_innen haben uns dann Tipps zu Erziehungsfragen gegeben, wo man gemerkt hat, die haben überhaupt gar keine Ahnung, wie Kinder und Jugendliche heutzutage drauf sind, haben seit 20 Jahren nicht in der Praxis gearbeitet. Es gab da auch nur ein Fach zur Pädagogik und das auch nur ein Semester lang. Also da hat komplett der Bezug zur Praxis gefehlt. Zu diesem Zeitpunkt haben Sven und ich dann darüber gesprochen, wie cool es wäre, wenn wir in der Erzieher_innenschule arbeiten würden, aber nicht als Lehrer_innen. Das war einfach so eine Rumspinnerei. Und irgendwann habe ich bei Gladt e.V. angefangen zu arbeiten und habe die erste Kinderbuchliste mitgemacht und habe in einem LSTIBQ[4]-Projekt gearbeitet. Dort habe ich auch das Intersektionale gelernt und mit meinen pädagogischen Erfahrungen verknüpft. Später kam Sven ins Gladt-Team, und dann haben wir uns überlegt, ein eigenes Projekt zu gründen. Mit der Idee, unsere pädagogische Erfahrung gleichzeitig mit dem politischen Wissen zu verknüpfen. Und da war uns ganz schnell klar, wir müssen ganz schnell ein großes Team werden, die unterschiedlichen Identitätsmerkmale abdecken, damit wir auch das repräsentieren, was wir vermitteln wollen. Dann habe ich ganz spontan ein Konzept geschrieben, und Sven hat die hier und da eingereicht. Und dann meldete sich die Senatsverwaltung für Bildung und hat uns 4.000 € gegeben. Und für diese 4.000 € haben wir eigentlich für 10.000 € Arbeit investiert, und die Senatsverwaltung war ziemlich begeistert und meinte, dass sie uns weiter fördern wollen und dann ging's los, dass wir immer mehr Förderung bekommen haben und jetzt mittlerweile das Zwölffache bekommen. Das ist ja schon ziemlich cool.

Wer arbeitet bei i-PÄD?

Tuğba: Einige, die dann ins Team kamen, haben wir durch unsere Workshops kennengelernt, da waren sie Teilnehmende und sind danach mit uns in den Kontakt gekommen. Und in den nächsten zwei Jahren kamen dann alle dazu, die auch noch heute in unserem Team dabei sind. Uns waren ein paar Dinge von Anfang an sehr wichtig: ein diverses Team, das möglichst viele Identitäten abdeckt, die Erfahrung in der sozialen Praxis und auch der politische Background der Person oder die Selbstpositionierung und dann auch noch, dass wir niemanden umsonst arbeiten lassen,

4 Lesbisch, schwul, trans, inter, bi, queer.

auch nicht am Anfang, wenn sie neu sind. Das ist ja ziemlich verbreitet in Westdeutschland, dass z.B. Menschen erstmal ehrenamtlich arbeiten, um irgendwo Fuß fassen zu können, siehe Generation Praktikum. Für uns hat das einen Zusammenhang mit Klassismus und reproduziert gutbürgerliche Gesellschaftsstrukturen, die in erster Linie Menschen aus familiären Verhältnissen dienlich sind, denn wer kann oder will schon für eine längere Zeit unentgeltlich arbeiten?

Warum ist Intersektionalität in eurer Arbeit so wichtig, so zentral?

Bella: Eine intersektionale Perspektive zeigt auf, dass sich je nachdem, welches Thema oder welche Identität im Vordergrund steht, die Diskriminierungsverhältnisse verschieben. Wenn ich manchmal bei Diskussionen so zuhöre, dann wird meistens ein Thema dabei hervorgehoben. Also z.B. Geschlecht und wie sich die Person als Frau oder Mann so fühlt in dieser Gesellschaft. Oft fällt dann in der Diskussion beiläufig eine rassistische Aussage, und niemand sagt etwas dazu. Mir war es von Anfang an sehr wichtig, schlagfertige Argumente zu haben, die ich in Diskussionen gegen diskriminierende oder rassistische Äußerungen einsetzen kann.

Tuğba: Als ich 2003 das erste Mal als Erzieherin gearbeitet habe, da wusste ich schon, dass ich es mit ganz vielen unterschiedlichen Kindern zu tun habe. Dann muss ich die auch alle berücksichtigen. Ich habe interkulturelle Frühstücke gemacht, wo ich ganz erstaunt war, dass ein griechisches Kind Gesichtswurst mitgebracht hat und nicht Feta und Oliven. Aber dort gemerkt habe, ja es ist ein Kind, natürlich mag es Gesichtswurst. Ich habe auch Projekte zu Sprache und Diskriminierung durchgeführt. Ich hatte schon immer so ein ausgeprägtes Gerechtigkeitsgefühl. Und eine gewisse politische Grundhaltung. Und mittlerweile kann ich gar nicht mehr anders, als intersektional zu arbeiten. Ich wollte ein Projekt, wo die Komplexität und Verwobenheit an Identitäten sichtbar wird. Deswegen habe ich i-PÄD gegründet.

Welche Methoden verwendet ihr in eurer Arbeit?

Bella: Wir verwenden alle ganz unterschiedliche Methoden, aus Workshops oder Fortbildungen, die wir selber mal besucht haben. Die modifizieren wir dann, wenn wir merken, die haben Potential, dann versehen wir die mit mehreren Identitäten, bauen verschiedene Ebenen ein, die auch noch mitbedacht werden müssen. Auch besprechen wir immer die Metaebene bei der Auswertung der Methode. Wir überlegen uns auch im Vorfeld, was z.B. auch schieflaufen könnte bei der Durchführung und arbeiten auch unsere Erfahrungen oder Kritik und Feedback im Nachhinein mit ein. Mittlerweile werden wir auch für ganz unterschiedliche Fachbereiche gebucht, mal für angehende Erzieher_innenklassen, mal für die Lehrkräfte dieser Erzieher_innenschulen, mal für Angestellte im Hort. Wir werden auch als Gastreferent_innen an Universitäten angefragt. Vor jedem Workshop passen wir unsere Methoden den jeweiligen Bedürfnissen der Gruppe an, probieren auch mal was aus. Ich studiere ja gerade Tanz und Choreografie und habe dann auch ab und zu die Möglichkeit, aus meinem Bewegungswissen, Methoden reinzubringen. Ich würde auch sagen, dass unsere Methoden sich stetig weiterentwickeln und wachsen.

Tuğba: Einige Methoden haben wir tatsächlich aus der Erzieher_innenausbildung und dann modifiziert. Die Methoden „Kinder ein Schritt nach vorn" und „Kauf ich dir nicht ab!" habe ich mit Kindern zusammen entwickelt mit einer Empowerment-Gruppe. „Sexismus-Alien" ist auch ähnlich entstanden in einer Frauengruppe, wo wir das dann immer weiter verändert haben. Ich glaube aber nicht, dass die Methoden das Wichtige sind, denn die kann jede_r machen. Wie wir das auflösen und wie wir die analysieren und Feedback geben und dann noch das Pädagogische und das Politische da reinzubringen, das macht uns aus.

Wo seht ihr weitere Bedarfe in der Antidiskriminierungsarbeit, die i-PÄD nicht abdecken kann?

Tuğba: Wenn wir eine Strukturförderung hätten und nicht eben von Workshop zu Workshop gucken müssten, dann könnten wir auch tatsächlich Prozesse begleiten und einen Verein dabei unterstützen, intersektional zu arbeiten.

Bella: Also ich glaube, in der Antidiskriminierungsarbeit arbeitest du ja nicht nur mit Individuen zusammen, sondern du arbeitest ja auch mit Strukturen und mit Systemen. Ich sehe oft, dass es einige sehr motivierte Lehrkräfte, Erzieher_innen gibt, die dann am Vorgesetzten scheitern, an den Kolleg_innen, die sich nicht verändern wollen oder gar nicht reflektieren wollen oder eine andere Meinung dazu haben. Oder auch die Institution oder die Gesetzeslage kann es sein. Wir arbeiten ja auch mit dem Bewusstsein, dass es nicht nur ein individuelles Verhältnis ist, sondern dass es verschiedene Ebenen von Diskriminierung gibt, und auf die haben wir so wenig Einfluss. Und dadurch, dass wir ja auch überall anders auch noch Jobs haben, die an anderen Ebenen andocken, wo vielleicht auch ein Austausch mit Menschen stattfindet, die mit der Regierung zusammenarbeiten, denke ich schon, dass wir indirekt auch Arbeit auf anderen Ebenen machen.

Wodurch unterscheidet sich die Arbeit von i-PÄD von anderen Projekten in der Bildungsarbeit?

Bella: Wir unterscheiden uns z.B. dadurch, dass wir alle noch in der Praxis arbeiten und dadurch verschiedenste Erfahrungen mit reinbringen. Ich glaube, die Praxisbeispiele sind sehr wichtig, und auch Bescheid zu wissen, wie es in der Praxis abläuft. Das ist ja meistens ganz unterschiedlich zur Theorie, die im Studium gelehrt wird. Die meisten kommen mit ganz speziellen Fragen, die sie während ihrer Arbeit haben. Und die Antworten dann mit einer intersektionalen Brille zu beantworten, das ist das, was i-PÄD ausmacht.

Tuğba: Zum Beispiel dadurch, dass wir alle unsere Themen stets mit der pädagogischen Praxis verbinden. Und die Teilnehmenden daran erinnern, dass sie als Tätige im sozialen Bereich eine Verpflichtung haben, verantwortungsvoll zu handeln. Aktiv zu sein. Nicht nur über Mehrfachdiskriminierung Bescheid zu wissen, sondern aktiv dagegen etwas zu tun. Und deswegen war uns der intersektionale pädagogische Ansatz so wichtig. Das bleibt oft nur Theorie. Es gibt ja offiziell keinen praktischen Ansatz, höchstens eine Handvoll Projekte, die das machen. Oder Teamer_innen, die das machen. Aber ein Team, das auch Intersektionalität berücksichtigt und divers aufgestellt ist, das ist schon sehr selten. Und du musst auch sympathisch rüberkommen, damit die Leute nicht gleich dicht machen. Wir geben auch vor Gruppen zu, selbst mal Fehler zu machen. Wir beziehen unsere Workshopteilnehmenden auch mit in unsere Expertise ein und tun nicht so, als ob wir alles besser wissen würden. Wir arbeiten prozessorientiert und haben keinen bestimmten Ablauf, den wir einhalten. Wenn wir bemerken, dass es bei einer Methode mehr Diskussionsbedarf gibt, dann gehen wir eben darauf ein. Wir kreieren einen Raum, wo wir gemeinsam sprechen und voneinander lernen, anstatt einen Raum zu kreieren, wo nur die Trainer_innen diejenigen sind, die Wissen weitergeben. Das prozessorientierte Arbeiten unterscheidet uns auch von anderen Projekten. Das machen nicht viele.

Bella: Wir haben am Anfang immer zu dritt Workshops gegeben, aus dem Grund einer unterschiedlichen Expertise. Und Expertise bedeutet auch Lebenserfahrung. Wir wollen sichergehen, dass wenn über Armut gesprochen wird, eine Person bei uns im Team ist, die weiß, was es bedeutet, in Armut aufzuwachsen. Wenn über Rassismus gesprochen wird, eine Person dabei ist, die Rassismus erfährt. Und das haben wir halt versucht in Bezug auf so viele Identitäten wie möglich zu schaffen. Es ist uns nicht für alle gelungen, aber wir tauschen uns z.B. auch immer mit verschiedenen Aktivist_innen aus, befragen andere Expert_innen, wenn wir Texte zu bestimmten Themen verfassen. Ich glaube, das ist oft nicht gegeben, weil viele Leute alleine teamen. Für mich ist politische Bildungsarbeit auch oft etwas, was sehr ‚weiß', Mittelklasse und akademisch ist. Oft hat eine von uns im Dreierteam interveniert, wo die anderen gar nicht wussten, warum, weil wir das, was so unterschwellig passiert, gar nicht wahrgenommen haben, und so haben wir auch sehr viel voneinander gelernt. Eine sehr, sehr subtile Arbeit, die du nicht durch Bücher oder so was lernen kannst. Jede einzelne Person, die im Team ist, hat eigene Schwerpunkte, wo sie interveniert, wo andere vielleicht nicht intervenieren würden. Oder wo sie sagt, das ist mir ganz wichtig, dass das nochmal erwähnt wird, und davon lebt unsere Arbeit auch.

Wie wird es mit i-PÄD weitergehen? Welche Visionen gibt es?

Tuğba: Wir haben gerade ein zweites Projekt bewilligt bekommen. Wir haben Geld beantragt beim Quartiersmanagement, wo es darum geht, in diversen Einrichtungen, Antidiskriminierungsarbeit zu thematisieren. Denen keine Patentrezepte in die Hand zu drücken, wie sie Diskriminierungen abzubauen haben, sondern uns bei denen zu integrieren und mit unserem Wissen deren Arbeit zu optimieren. Das ist auf jeden Fall ein Projekt, was mit allen sozialen Einrichtungen und einem Quartier und Gesellschaft zu tun hat. Also es ist zielgruppenorientierter, damit wir das, was wir bei i-PÄD jetzt gemacht haben, noch gezielter irgendwo einsetzen können. Und dann wollen wir daraufhin arbeiten, einen Jugendträgerverein auf die Beine zu stellen. Und wir wollen es wirklich bald wagen, ein eigener Träger zu werden. Das ist die Zukunftsmusik.

Bella: Meine Vision ist es, dass es ein i-PÄD Haus geben wird und wir davon profitieren können, dass wir alle in einem Haus sind, aber dort unsere Interessengebiete, also alle unsere eigenen Schwerpunkte, vertiefen können.

www.i-paed-berlin.de info@i-paed-berlin.de

7 Literatur

AAPA (1996): Statement on biological aspects of race. In: American Journal of Physical Anthropology. Volume 101, S. 569–570.

Agamben, Giorgio (2008): Was ist ein Dispositiv? Zürich: Diaphanes.

Aglietta, Michael (1979): A theory of capitalist regulation. The US experience. London: Verso.

Agnoli, Johannes (1975): Überlegungen zum bürgerlichen Staat. Berlin: Trikont.

Agnoli, Johannes (1995): Der Staat des Kapitals. Freiburg: Ça Ira.

Aktaş, Gülşen (1993): Türkische Frauen sind wie Schatten – Leben und Arbeiten im Frauenhaus. In: Hügel, Ika/Lange, Chris/Ayim, May/Bubeck, Ilona/Aktaş, Gülşen/Schultz, Dagmar (Hrsg.): Entfernte Verbindungen: Rassismus, Antisemitismus, Klassenunterdrückung. Berlin: Orlanda, S. 49-60.

Alinsky, Saul (2010): Call Me a Radical. Organizing und Empowerment. Göttingen: Lamuv.

Althusser, Louis/Balibar, Étienne (1972): Das Kapital lesen (2 Bde.). Reinbek: Rowohlt.

Althusser, Louis (1968): Für Marx. Frankfurt/Main: Suhrkamp.

Althusser, Louis (1977): Ideologie und ideologische Staatsapparate. Hamburg: VSA.

Althusser, Louis (1985): Spontane Philosophie, Schriften, Bd. 4. Berlin: Argument.

Althusser, Louis (2010): Materialismus der Begegnung. Zürich/Berlin: Diaphanes.

Anthias, Floya/Yuval-Davis, Nira (1992): Racialized Boundaries: Race, Nation, Gender, Colour and Class and the Anti-Racist Struggle. London: Routledge.

Auernheimer, Georg (2008): Interkulturelle Kompetenz und pädagogische Professionalität. Wiesbaden: VS Verlag.

Aulenbacher, Brigitte (2007): Vom fordistischen Wohlfahrts- zum neoliberalen Wettbewerbsstaat. Bewegungen im gesellschaftlichen Gefüge und in den Verhältnissen von Klasse, Geschlecht und Ethnie. In: Klinger, Cornelia/Knapp, Gudrun-Axeli/Sauer, Birgit (Hrsg.): Achsen der Ungleichheit. Zum Verhältnis von Klasse, Geschlecht und Ethnizität. Frankfurt/Main: Campus, S. 42–55.

Balibar, Étienne (1977): Über historische Dialektik. Kritische Anmerkungen zu Lire le Capital. In: Jaeggi, Urs/Honneth, Axel (Hrsg.): Theorien des Historischen Materialismus. Frankfurt/Main: Suhrkamp, S. 293–343.

Balibar, Étienne/Wallerstein, Immanuel (1998): Rasse, Klasse, Nation. Ambivalente Identitäten. Hamburg: Argument Verlag, 2. Aufl.

Becker, Michael (1996): Gesetz zur Verhütung erbkranken Nachwuchses vom 14. Juli 1933 und Opferentschädigung in der Bundesrepublik Deutschland. Frankfurt/Main: Diplomarbeit an der Fachhochschule Frankfurt, FB Sozialarbeit.

Becker, Ruth/Kortendiek, Beate (Hrsg.) (2010): Handbuch Frauen- und Geschlechterforschung. Wiesbaden: VS-Verlag, 3. erw. Aufl.

Beck-Gernsheim, Elisabeth (1980): Das halbierte Leben: Männerwelt Beruf, Frauenwelt Familie. Frankfurt/Main: Fischer.

Beer, Ursula (1984): Theorien geschlechtlicher Arbeitsteilung. Frankfurt/New York: Campus.

Bereswill, Mechthild/Stecklina, Gerd (Hrsg.) (2010): Geschlechterperspektiven für die Soziale Arbeit. Zum Spannungsverhältnis von Frauenbewegungen und Professionalisierungsprozessen. Weinheim/München: Juventa.

Berufskodex Soziale Arbeit Schweiz (2010): Ein Argumentarium für die Praxis der Professionellen. Bern: Professionelle Soziale Arbeit Schweiz.

Bettinger, Frank (2012): Bedingungen kritischer Sozialer Arbeit. In: Anhorn, Roland/Bettinger, Frank/Horlacher, Cornelis/Rathgeb, Kerstin (Hrsg.): Kritik der Sozialen Arbeit – kritische Soziale Arbeit. Wiesbaden: Springer VS, S. 163–190.

Bilden, Helga (1980): Geschlechtsspezifische Sozialisation. In: Hurrelmann, Klaus/Ulich, Dieter (Hrsg.): Handbuch der Sozialisationsforschung. Weinheim: Beltz, S. 777–812.

Böhnisch, Lothar (2013): Intersektionalität und/oder Interdependenz. In: Erwägen –Wissen – Ethik (EWE), 24(3), S. 364–365.

Bourdieu, Pierre (1970): Zur Soziologie der symbolischen Formen. Frankfurt/Main: Suhrkamp.

Bourdieu, Pierre (1976): Entwurf einer Theorie der Praxis. Frankfurt/Main: Suhrkamp.

Bourdieu, Pierre (1987): Sozialer Sinn. Kritik der theoretischen Vernunft. Frankfurt/Main: Suhrkamp.

Bourdieu, Pierre (1992): Sozialer Raum und symbolische Macht. In: Ders.: Rede und Antwort. Frankfurt/Main: Suhrkamp, S. 135–154.

Bourdieu, Pierre (1993): Soziologische Fragen. Frankfurt/Main: Suhrkamp.

Bourdieu, Pierre (1997): Die männliche Herrschaft. In: Dölling, Irene/Krais, Beate (Hrsg.): Ein alltägliches Spiel. Geschlechterkonstruktion in der sozialen Praxis. Frankfurt/Main: Suhrkamp, S. 153–217.

Bourdieu, Pierre (2005): Die männliche Herrschaft. Frankfurt/Main: Suhrkamp.

Bourdieu, Pierre (2009): Entwurf einer Theorie der Praxis: auf der ethnologischen Grundlage der kabylischen Gesellschaft. Frankfurt/Main: Suhrkamp.

Boyer, Robert/Saillard, Yves (2002): Perspectives on the wage-labour nexus? In: Dies. (Hrsg.): Regulation Theory. The State of the Art. London/ New York: Routledge, S. 73–79.

Bronner, Kerstin (2011): Grenzenlos normal? Aushandlungen von Gender aus handlungspraktischer und biografischer Perspektive. Bielefeld: transcript.

Bronner, Kerstin (2014): Professionelle Unterstützung jugendlicher Normalitätsaushandlungen. In: von Langsdorff, Nicole (Hrsg.): Intersektionalität und Jugendhilfe. Opladen/Berlin/Toronto: Barbara Budrich, S. 156–169.

Bronner, Kerstin (2019): Doing Intersectionality? Kritische Sichtweisen auf das Intersektionalitätskonzept aus Sicht verschiedener Praxisfelder der Sozialen Arbeit. In: SozialAktuell Nr. 3 /2019, S. 24f.

Bronner, Kerstin (2020): Intersektionalität: praktisch oder nicht? In: GENDER Heft 3 | 2020, S. 72–86

Burzan, Nicole (2005): Soziale Ungleichheit. Eine Einführung in die zentralen Theorien. Wiesbaden: VS Verlag für Sozialwissenschaften.

Butler, Judith (1991): Das Unbehagen der Geschlechter. Frankfurt/Main: Suhrkamp.

Butler, Judith (1995): Körper von Gewicht. Die diskursiven Grenzen des Geschlechts. Frankfurt/Main: Suhrkamp.

Butler, Judith (1998): Hass spricht. Zur Politik des Performativen. Frankfurt/Main: Suhrkamp.

Butler, Judith (2001): Psyche der Macht. Das Subjekt der Unterwerfung. Frankfurt/Main: Suhrkamp.

Butler, Judith (2004): Gender-Regulierungen. In: Helduser, Urte/Marx, Daniela/Paulitz, Tanja/Pühl, Katharina (Hrsg.): Under Construction? Konstruktivistische Perspektiven in feministischer Theorie und Forschungspraxis. Frankfurt/Main: Campus, S. 44–57.

Carby, Hazel (1982): White Woman Listen! Black Feminism and the Boundaries of Sisterhood. In: Centre for Contemporary Culture Studies (Hrsg.): The Empire Strikes Back: Race and racism in 70s Britain. London: Routledge, S. 212–235.

Chorus, Silke (2007): Ökonomie und Geschlecht. Regulationstheorie und Geschlechterverhältnisse im Fordismus und Postfordismus. Saarbrücken: Selbstverlag.

Combahee River Collective (1982): A Black Feminist Statement. In: Hull, Gloria T./Bell Scott, Patricia/Smith, Barbara (Hrsg.): But Some Of Us Are Brave: All the Women Are White, All the Blacks Are Men: Black Women's Studies. Old Westbury, New York: Feminist Press, S. 13–22.

Conert, Hansgeorg (1998): Vom Handelskapital zur Globalisierung. Münster: Dampfboot.

Connell, Robert W. (1995): Masculinities. Cambridge: Polity Press.

Connell, Robert W. (1999): Der gemachte Mann. Konstruktion und Krise von Männlichkeiten. Opladen: Leske und Budrich.

Crenshaw, Kimberlé W. (2010): Die Intersektion von „Rasse" und Geschlecht demarginalisieren: Eine Schwarze feministische Kritik am Antidiskriminierungsrecht, der feministischen Theorie und der antirassistischen Politik [übersetzte und gekürzte Version des Originals von 1989]. In: Lutz, Helma/Herrera Vivar, Maía Teresa/Supik, Linda (Hrsg.): Fokus Intersektionalität. Bewegungen und Verortungen eines vielschichtigen Konzeptes. Wiesbaden: Springer VS, S. 33–54.

Cyba, Eva (2010): Patriarchat: Wandel und Aktualität. In: Becker, Ruth/Kortendiek, Beate (Hrsg.): Handbuch Frauen- und Geschlechterforschung. Wiesbaden: VS Verlag, S. 17–22.

Dahrendorf, Ralf (1965): Bildung ist Bürgerrecht. Plädoyer für eine aktive Bildungspolitik. Bramsche/Osnabrück: Nannen.

Davis, Angela (1982): Rassismus und Sexismus. Schwarze Frauen und Klassenkampf in den USA. Berlin: Elefanten Press.

Degele, Nina (2008): Gender/Queer Studies. Eine Einführung. Paderborn: UTB.

Deleuze, Gilles (1993). Unterhandlungen: 1972–1990. Frankfurt/Main: Suhrkamp.

Deleuze, Gilles/Guattari, Félix (1977): Anti-Ödipus. Kapitalismus und Schizophrenie 1. Frankfurt/Main: Suhrkamp.

Deleuze, Gilles/Guattari, Félix (1992): Tausend Plateaus. Kapitalismus und Schizophrenie 2. Berlin: Merve.

Demirović, Alex (1992): Regulation und Hegemonie. In: Demirović, Alex/Krebs, Hans-Peter/Sablowski, Thomas (Hrsg.): Hegemonie und Staat. Kapitalistische Regulation als Projekt und Prozess. Münster: Westfälisches Dampfboot, S.128–158.

Derrida, Jacques (1972): Die Schrift und die Differenz. Frankfurt/Main: Suhrkamp. (Orig. 1967)

Derrida, Jacques (1974): Grammatologie. Frankfurt/Main: Suhrkamp.

Dewe, Bernd/Otto, Hans-Uwe (2009): Reflexive Sozialpädagogik. Grundstrukturen eines neuen Typs dienstleistungsorientierten Professionshandelns. Wiesbaden: VS Verlag.

Dewe, Bernd/Radtke, Frank-Olaf (1991): Was wissen Pädagogen über ihr Können? Professionalisierungstheoretische Überlegungen zum Theorie-Praxis-Problem in der Pädagogik. In: Zeitschrift für Pädagogik. 27. Beiheft Pädagogisches Wissen. 1991, S. 143–162.

Dreyfus, Hubert L./Rabinow, Paul (1994): Die Genealogie des modernen Individuums. In: Dreyfus, Hubert L./Rabinow, Paul (Hrsg.): Michel

Foucault. Jenseits von Strukturalismus und Hermeneutik. Weinheim: Beltz Athenäum, S. 133–155.

Eckes, Thomas (2010): Geschlechterstereotype: Von Rollen, Identitäten und Vorurteilen. In: Becker, Ruth/Kortendiek, Beate (Hrsg.): Handbuch Frauen- und Geschlechterforschung. Wiesbaden: VS Verlag, S 178–189.

Essed, Philomena (2002): Everyday racism. A new approach to the study of racism. In: Essed, Philomena/Goldberg, David Theo (Hrsg.): Race Critical Theories. Text and Context. Malden/Oxford: Blackwell, S. 176–193.

Fanon, Frantz (1966): Die Verdammten dieser Erde. Frankfurt/Main: Suhrkamp.

Fegert, Jörg (1999): Was ist seelische Behinderung? Anspruchshaltung und kooperative Umsetzung von Hilfen nach §35a KJHG (3. Aufl.). Münster: Votum.

Feministische Studien II (1993): Kritik der Kategorie „Geschlecht“ (Heft 2). Stuttgart: Lucius.

Foucault, Michel (1977): Überwachen und Strafen. Die Geburt des Gefängnisses. Frankfurt/Main: Suhrkamp.

Foucault, Michel (1978): Dispositive der Macht. Über Sexualität, Wissen und Wahrheit. Berlin: Merve.

Foucault, Michel (1983): Wille zum Wissen. Sexualität und Wahrheit, Bd. 1. Frankfurt/Main: Suhrkamp.

Foucault, Michel (1989): Der Gebrauch der Lüste. Sexualität und Wahrheit, Bd. 2. Frankfurt/Main: Suhrkamp.

Foucault, Michel (1994): Das Subjekt und die Macht. In: Dreyfus, Hubert L./ Rabinow, Paul (Hrsg.): Michel Foucault. Jenseits von Strukturalismus und Hermeneutik. Weinheim: Beltz Athenäum, S. 241–261.

Foucault, Michel (2001a): Die Ordnung des Diskurses. Frankfurt/Main: Suhrkamp.

Foucault, Michel (2001b): Über die Archäologie der Wissenschaften. In: Schriften 1. Frankfurt/Main: Suhrkamp.

Foucault, Michel (2003): Dits et écrits / dt. Schriften. Bd. 4. 1980-1988. Frankfurt/Main: Suhrkamp.

Fraser, Nancy (1989): Widerspenstige Praktiken. Macht, Diskurs, Geschlecht. Genderstudies. Frankfurt/Main: Suhrkamp.

Freire, Paulo (1973): Pädagogik der Unterdrückten. Bildung als Praxis der Freiheit. Hamburg: Rowohlt.

Freire, Paulo (2007): Unterdrückung und Befreiung. Münster: Waxmann-Verlag.

Garfinkel, Harold (1967): Studies in Ethnomethodology. New York: Englewood Cliffs.

Geiss, Imanuel (1988): Geschichte des Rassismus. Frankfurt/Main: Suhrkamp.

Giebeler, Cornelia/Rademacher, Claudia/Schulze, Erika (Hrsg.) (2013): Intersektionen von race, class, gender, body: Theoretische Zugänge und qualitative Forschungen in Handlungsfeldern der Sozialen Arbeit. Opladen: Verlag Barbara Budrich.

Gildemeister, Regine (2010): Doing Gender: Soziale Praktiken der Geschlechterunterscheidung. In: Becker, Ruth/Kortendiek, Beate (Hrsg.): Handbuch Frauen- und Geschlechterforschung. Wiesbaden: VS Verlag, S. 137–145.

Gilligan, Carol (1984): Die andere Stimme. Lebenskonflikte und Moral der Frau. München: Piper.

Gisler, Priska/Emmenegger, Barbara (1998): Geschlechtsspezifische Schließungsprozesse und Sexualität. In: Zeitschrift für Personalforschung, Heft 2/98, Mering, S.143–166.

Goffman, Erving (1977): Rahmen-Analyse: Ein Versuch über die Organisation von Alltagserfahrungen. Frankfurt/Main: Suhrkamp.

Gramsci, Antonio (1980): Zu Politik, Geschichte und Kultur. Leipzig: Reclam.

Groß, Melanie (2007): Weiß-Sein – unmarkiertes Merkmal feministischer Theoriebildung. Online verfügbar unter: http://www.feministisches-institut.de/whiteness/ [Zugriff: 02.05.2016].

Groß, Melanie (2010): „Wir sind die Unterschicht“ – Jugendkulturelle Differenzartikulationen aus intersektionaler Perspektive. In: Kessl, Fabian/Plößer, Melanie (Hrsg.): Differenzierung, Normalisierung, Andersheit. Wiesbaden: VS Verlag für Sozialwissenschaften, S. 34–48.

Guillaumin, Colette (1995): Racism, Sexism, Power and Ideology. London: Routledge.

Habermas, Jürgen (1971): Theorie und Praxis. Frankfurt/Main: Suhrkamp.

Hall, Stuart (1994): Rassismus und kulturelle Identität. Ausgewählte Schriften 2. Hamburg: Argument Verlag.

Hall, Stuart (2000): Rassismus als ideologischer Diskurs. In: Räthzel, Nora (Hrsg.): Theorien über Rassismus. Hamburg: Argument Verlag, S. 7–16.

Hark, Sabine (2005): Queer Studies. In: Braun, Christina von/Stephan, Inge (Hrsg.): Gender@Wissen. Ein Handbuch der Gender-Theorien. Köln/Weimar/Wien: Böhlau, S. 285–303.

Hark, Sabine (2010): Lesbenforschung und Queer Theorie: Theoretische Konzepte, Entwicklungen und Korrespondenzen. In: Becker, Ruth/Kortendiek, Beate (Hrsg.): Handbuch Frauen- und Geschlechterforschung. Wiesbaden: VS Verlag, S. 108–115.

Haug, Frigga (1988): Frauen – Opfer oder Täter? Zeitschrift Argument, Sonderheft 46, Hamburg, S. 45–61.

Hausen, Karin (1986): Patriarchat. Vom Nutzen und Nachteil eines Konzeptes für Frauenpolitik und Frauengeschichte. In: Journal für Geschichte 5/1986, S. 12–21.

Hauss, Gisela (1995): Retten, Erziehen, Ausbilden: Zu den Anfängen der Sozialpädagogik als Beruf. Bern: Peter Lang.

Heitmeyer, Wilhelm (2003): Deutsche Zustände. Bd. 1. Frankfurt/Main: Suhrkamp

Heitmeyer, Wilhelm (2007): Deutsche Zustände. Bd. 6. Frankfurt/Main: Suhrkamp.

Hering Torres, Max-Sebastián (2006): Rassismus in der Vormoderne: Die „Reinheit des Blutes" im Spanien der Frühen Neuzeit. Frankfurt/Main: Campus.

Herrmann, Steffen K. (2003): Performing the Gap. Queere Gestalten und geschlechtliche Aneignung. In: arranca! Für eine linke Strömung. Ausgabe 28. Online verfügbar unter: http://arranca.nadir.org/arranca/article.do?id=245 [Zugriff: 17.07.2016].

Hill Collins, Patricia (1990): Black Feminist Thought: Knowledge, Consciousness, and the Politics of Empowerment. New York/London: Routledge.

Hirsch, Joachim (1974): Staatsapparat und Reproduktion des Kapitals. Frankfurt/Main: Suhrkamp.

Hirsch, Joachim (1990): Kapitalismus ohne Alternative? Materialistische Gesellschaftstheorie und Möglichkeiten einer sozialistischen Politik heute. Hamburg: VSA.

Hirsch, Joachim (1992): Regulation, Staat und Hegemonie. In: Demirović, Alex/Krebs, Hans-Peter/Sablowski, Thomas (Hrsg.): Hegemonie und Staat: Kapitalistische Regulation als Projekt und Prozess. Münster: Westfälisches Dampfboot, S. 293–232.

Hirsch, Joachim (1994): Politische Form, politische Institutionen und Staat. In: Esser, Josef/Görg, Christoph/Hirsch, Joachim (Hrsg.): Politik, Institutionen und Staat: Zur Kritik der Regulationstheorie. Hamburg: VSA, S. 157–212.

Hirsch, Joachim (1995): Der nationale Wettbewerbsstaat. Berlin: ID-Verlag.

Hirsch, Joachim (2001): Postfordismus: Dimensionen einer neuen kapitalistischen Formation. In: Hirsch, Joachim/Jessop, Bob/Poulantzas, Nicos (Hrsg.): Die Zukunft des Staates. Hamburg: VSA, S. 171–211.

Hirsch, Joachim (2005): Materialistische Staatstheorie. Transformationsprozesse des kapitalistischen Staatensystems. Hamburg: VSA.

Hirsch, Joachim/Kannankulam, John (2006): Poulantzas und Formanalyse. Zum Verhältnis zweier Ansätze materialistischer Staatstheorie. In: Bretthauer, Lars/Gallas, Alexander/Kannankulam, John/Stützle, Ingo (Hrsg.): Poulantzas lesen. Hamburg: VSA, S. 65–81.

Hirsch, Joachim/Roth, Roland (1986): Das neue Gesicht des Kapitalismus. Hamburg: VSA.

Hirschauer, Stefan (2001): Das Vergessen des Geschlechts. Zur Praxeologie einer Kategorie sozialer Ordnung. In: Heintz, Bettina (Hrsg.): Geschlechtersoziologie. Kölner Zeitschrift für Soziologie und Sozialpsychologie. Sonderheft 41/2001. Wiesbaden: Westdeutscher Verlag, S. 208–236.

Holzkamp, Klaus (1997): Schriften 1. Normierung, Ausgrenzung, Widerstand. Hamburg: Argument.

hooks, bell (1984): Ain't I a Woman: Black woman and feminism. Cambridge: South End Press.

hooks, bell (1984): Feminist Theory. From Margin to Center. Cambridge: South End Press.

Hradil, Stefan (2008): Soziale Ungleichheit, soziale Schichtung und Mobilität. In: Korte, Hermann/Schäfers, Bernhard (Hrsg.). Einführung in die Hauptbegriffe der Soziologie. Wiesbaden: VS, S. 211–234.

Hradil, Stefan (2012): Grundbegriffe. Online verfügbar unter: http://www.bpb.de/politik/grundfragen/deutsche-verhaeltnisse-eine-sozialkunde/138437/grundbegriffe [Zugriff: 30.03.2017].

Hübner, Kurt (1990): Theorie der Regulation. Eine kritische Rekonstruktion eines neuen Ansatzes der Politischen Ökonomie. Berlin: edition sigma.

Hund, Wulf D. (2010): Rassismus. In: Sandkühler, Hans Jörg (Hrsg.): Enzyklopädie Philosophie (3 Bde.). Hamburg: Meiner, S. 2191–2200.

International Federation of Social Workers (2012): Statement of Ethical Principles. Online verfügbar unter: http://ifsw.org/policies/statement-of-ethical-principles/ [Zugriff: 10.11.2015].

Jackson, Gregory (2009): Tötet den Bullen in eurem Kopf! Zur US-amerikanischen Linken, White Supremacy und Black Autonomy. Münster: Unrast.

Jäger, Margret (1996): Fatale Effekte. Die Kritik am Patriarchat im Einwanderungsdiskurs. Duisburg: DISS.

Jäger, Siegfried (1993): Kritische Diskursanalyse. Eine Einführung. Duisburg: DISS.

Jäger, Siegfried (2000): Theoretische und methodische Aspekte einer Kritischen Diskurs- und Dispositivanalyse. Online verfügbar unter: http://www.diss-duisburg.de/Internetbibliothek/Artikel/Aspekte_einer_Kritischen_Diskursanalyse.htm [Zugriff: 11.03.2011].

Jäger, Ulle (2004): Der Körper, der Leib und die Soziologie. Königstein/Taunus: Ulrike Helmer.

Jagose, Annamarie (2001): Queer Theory. Eine Einführung. Berlin: Querverlag.

Kemper, Andreas (2008): Opfer der Marktgesellschaft. Obdachlosenfeindlichkeit als klassistische Formation. In: arranca! Nr. 38, Juli 2008. Online verfügbar unter: http://arranca.org/ausgabe/38/opfer-der-marktgesellschaft [Zugriff: 19.11.2016]

Kemper, Andreas/Weinbach, Heike (2009): Klassismus. Eine Einführung. Münster: Unrast.

Kessl, Fabian (2005): Der Gebrauch der eigenen Kräfte: Eine Gouvernementalität Sozialer Arbeit. Weinheim: Juventa.

Knapp, Gudrun-Axeli (2006): „Intersectionality": Feministische Perspektiven auf Ungleichheit und Differenz im gesellschaftlichen Transformationsprozeß. Vortragsmanuskript, Wien, 30.11.2006. Online verfügbar unter: http://www.univie.ac.at/gender/fileadmin/user_upload/gender/abstracts _ringvorlesung/Knapp.doc [Zugriff: 09.03.2011].

Knapp, Gudrun-Axeli (2008): Kommentar zu Tove Soilands Beitrag. https://www.querelles-net.de/index.php/qn/article/view/695/703 [Zugriff: 20.12.2016]

Knapp, Gudrun-Axeli (2008): Verhältnisbestimmungen: Geschlecht, Klasse, Ethnizität in gesellschaftstheoretischer Perspektive. In: Klinger, Cornelia/Axeli-Knapp, Gudrun (Hrsg.): ÜberKreuzungen. Münster: Westfälisches Dampfboot, S. 138–171.

Knapp, Gudrun-Axeli (2013): Hauptartikel. Zur Bestimmung und Abgrenzung von „Intersektionalität". Überlegungen zu Interferenzen von „Geschlecht", „Klasse" und anderen Kategorien sozialer Teilung. Erwägen – Wissen – Ethik (EWE), 24(3), S. 341–354.

Köbsell, Swantje (2012): Wegweiser Behindertenbewegung. Neues (Selbst-) Verständnis von Behinderung. Neu-Ulm: AG SPAK Bücher.

Kohlmorgen, Lars (2004): Regulation, Klasse, Geschlecht. Die Konstituierung der Sozialstruktur im Fordismus und Postfordismus. Münster: Dampfboot.

Krasmann, Susanne (2003): Die Kriminalität der Gesellschaft. Zur Gouvernementalität der Gegenwart. Konstanz: UVK-Verl.-Ges.

Kreckel, Reinhard (2004): Politische Soziologie der sozialen Ungleichheit. Frankfurt: Campus.

Kunstreich, Timm (2014): Die Soziale Gruppenarbeit ist tot – es lebe die Soziale Gruppenarbeit! Online verfügbar unter: http://www.timm-kunstreich.de/ [Zugriff: 19.10.2016].

Lacan, Jacques (1991): Encore. Das Seminar, Buch 20. Weinheim: Quadriga.

Lemke, Thomas (1997): Eine Kritik der politischen Vernunft. Foucaults Analyse der modernen Gouvernementalität. Berlin/Hamburg: Argument.

Lewin, Kurt (1953): Tat-Forschung und Minderheitenprobleme. In: Ders. (Hrsg.): Die Lösung sozialer Konflikte. Bad Nauheim: Christian, S. 278–298.

Link, Jürgen/Link-Heer, Ursula (1990): Diskurs/Interdiskurs und Literaturanalyse. In: Zeitschrift für Linguistik und Literaturwissenschaft (lili), 77, S. 88–99.

Lipietz, Alain (1985): Akkumulation, Krise und Auswege aus der Krise. Einige methodische Überlegungen zum Begriff der „Regulation“. In: Prokla Nr. 58, S. 109–137.

Lorber, Judith (1999): Gender-Paradoxien. Opladen: Leske und Budrich.

Lorde, Audre (1984): Sister Outsider. New York: Ten Speed Press.

Lutz, Helma (2001): Differenz als Rechenaufgabe: über die Relevanz der Kategorien Race, Class, Gender. In: Lutz, Helma/Wenning, Norbert (Hrsg.): Unterschiedlich verschieden. Differenz in der Erziehungswissenschaft. Opladen: Leske und Budrich, S. 215–230.

Lutz, Helma/Wenning, Norbert (2001): Differenzen über Differenz – Einführung in die Debatten. In: Lutz, Helma/Wenning, Norbert (Hrsg.): Unterschiedlich verschieden. Differenz in der Erziehungswissenschaft. Opladen: Leske und Budrich, S. 11–24.

Lutz, Helma/Herrera Vivar, Maria Teresa/Supik, Linda (2010) (Hrsg.): Fokus Intersektionalität. Bewegungen und Verortungen eines vielschichtigen Konzeptes. Wiesbaden: Springer VS.

Markard, Morus (1993): Methodik subjektwissenschaftlicher Forschung. Hamburg: Argument.

Markard, Morus (2000): Kritische Psychologie: Methodik vom Standpunkt des Subjekts. Forum Qualitative Sozialforschung/Forum: Qualitative Social Research, 1(2), Art. 19. Online verfügbar unter: http://nbn-resolving.de/urn:nbn:de:0114-fqs0002196 [Zugriff: 09.05.2014].

Matter, Sonja (2011): Der Armut auf den Leib rücken: die Professionalisierung der Sozialen Arbeit in der Schweiz (1900-1960). Zürich: Chronos.

Maurer, Susanne (2001): Soziale Arbeit als Frauenberuf. In: Otto, Hans-Uwe/Thiersch, Hans (Hrsg.): Handbuch zur Sozialarbeit/Sozialpädagogik. Neuwied, Kriftel: Luchterhand, S. 1598–1604.

Max Weber, (1922): Wirtschaft und Gesellschaft. Grundriss der verstehenden Soziologie. Tübingen: J.C.B. Mohr.

McCall, Leslie (2005). The complexity of intersectionality. In: Signs. Journal of Women in Culture and Society, 30(3), 1771–1800.

Meuser, Michael (2010): Geschlecht und Männlichkeit. Soziologische Theorie und kulturelle Deutungsmuster. Wiesbaden: VS Verlag.

MEW 20: Engels, Friedrich 1878: Herrn Eugen Dühring's Umwälzung der Wissenschaft. In: Karl Marx/Friedrich Engels. Werke, Bd. 20, Berlin: Dietz.

MEW 23: Marx, Karl 1867: Das Kapital – Kritik der politischen Ökonomie. Erster Band. In: Karl Marx/Friedrich Engels. Werke, Bd. 23, Berlin: Dietz.

MEW 24: Marx, Karl 1894: Das Kapital – Kritik der politischen Ökonomie. Zweiter Band. In: Karl Marx/Friedrich Engels. Werke, Bd. 24, Berlin: Dietz.

MEW 25: Marx, Karl 1894: Das Kapital – Kritik der politischen Ökonomie. Dritter Band. In: Karl Marx/Friedrich Engels. Werke, Bd. 25, Berlin: Dietz.

Mies, Maria (1988): Patriarchat und Kapital. Zürich: Rotpunktverlag.

Mies, Maria (1992): Wider die Industrialisierung des Lebens. Eine feministische Kritik der Gen- und Reproduktionstechnik. Pfaffenweiler: Centaurus.

Mohanty, Chandra Talpade (2002): „Under Western Eyes“ Revisited: Feminist Solidarity through Anticapitalist Struggles. In: Signs: Journal of Women in Culture and Society 28 (2), S. 499–535.

Moser, Heinz (1978): Aktionsforschung als kritische Theorie der Sozialwissenschaften, München: Kösel.

Müller, Jens Christian/Reinfeldt, Sebastian/Schwarz, Richard/Tuckfeld, Manon (1994): Der Staat in den Köpfen. Anschlüsse an Louis Althusser und Nicos Poulantzas. Mainz, Mainz: Decaton-Verlag.

Nietzsche, Friedrich (1999): Zur Genealogie der Moral. In: Ders.; Werke; Band 2, Frankfurt/Main: Zweitausendeins.

Omi, Michael/Winant, Howard (1994): Racial Formation in the United States. From the 1960s to the 1990s. New York: Routledge.

Opitz, Sven (2004): Gouvernementalität im Postfordismus. Macht, Wissen und Techniken des Selbst im Feld unternehmerischer Rationalität. Berlin: Argument.

Paulus, Stefan (2011): Work-Life-Balance als neuer Herrschaftsdiskurs. Eine kritische Diskursanalyse eines Regierungsprogramms. In: Rosa-Luxemburg-Stiftung (Hrsg.): Work in Progress. Work on Progress. Berlin: Dietz, S. 57–68.

Paulus, Stefan (2012): Das Geschlechterregime. Eine intersektionale Dispositivanalyse von Work-Life-Balance-Maßnahmen. Bielefeld: transcript.

Paulus, Stefan (2013a): Hausarbeitsdebatte revisited: Zur Arbeitswerttheorie von Haus- und Reproduktionsarbeit. Hamburg-Harburg; http://dx.doi.org/10.15480/882.1106.

Paulus, Stefan (2013b): Intersektionalität als eingreifende Sozialforschung. In: Erwägen – Wissen – Ethik (EWE), 24(3), S. 441–443.

Paulus, Stefan (2015): Methodologische Überlegungen und methodisches Vorgehen bei einer intersektionalen Dispositivanalyse [59 Absätze]. In: Forum Qualitative Sozialforschung/Forum: Qualitative Social Research, 16(1), Art. 21. Online verfügbar unter: http://nbn-resolving.de/urn:nbn:de:0114-fqs1501210 [Zugriff: 30.03.2017].

Plümecke, Tino (2013): Rasse in der Ära der Genetik. Die Ordnung des Menschen in den Lebenswissenschaften. Bielefeld: transcript.

Plümecke, Tino (2014): Ordnen, werten, hierarchisieren. Der sozial dichte Begriff „Rasse“ und seine Gebrauchsweisen im Nationalsozialismus. In: Fritz Bauer Institut/Werner Konitzer u.a. (Hrsg.): Moralisierung des

Rechts: Kontinuitäten und Diskontinuitäten nationalsozialistischer Normativität. Frankfurt/New York/NY: Campus Verlag, S. 147–165.

Poulantzas, Nicos (1980): Politische Macht und gesellschaftliche Klassen. Frankfurt/Main: Europäische Verlagsanstalt.

Quaderni Rossi (1972): Arbeiteruntersuchung und kapitalistische Organisation der Produktion, München: Trikont.

Ridgeway, Cecilia L./Correll, Shelley J. (2004): Unpacking the Gender System: A Theoretical Perspective on Gender Beliefs and Social Relations. In: Gender & Society. Online verfügbar unter: http://journals.sagepub.com/doi/pdf/10.1177/0891243204265269, S. 510–531 [Zugriff: 01.05.2016].

Riegel, Christine (2010): Intersektionale Perspektiven für die Kooperation von Jugendhilfe und Schule. In: Ahmed, Sarina/Höblich, Davina (Hrsg.): Theoriereflexionen zur Kooperation von Jugendhilfe und Schule. Baltmannsweiler: Schneider Hohengehren, S. 143–162.

Riegel, Christine (2012): Intersektionalität in der Sozialen Arbeit. In: Bütow, Birgit/Munsch, Chantal (Hrsg.): Soziale Arbeit und Geschlecht. Herausforderung jenseits von Universalisierung und Essentialisierung (Bd. 34, Reihe „Frauen- und Geschlechterforschung" der Sektion Frauen- und Geschlechterforschung der Deutschen Gesellschaft für Soziologie). Münster: Westfälisches Dampfboot, S. 40–60.

Riegel, Christine (2016): Bildung – Intersektionalität – Othering. Pädagogisches Handeln in widersprüchlichen Verhältnissen. Bielefeld: transcript.

Rommelspacher, Birgit (1995): Dominanzkultur.Texte zu Fremdheit und Macht. Berlin: Orlanda.

Rommelspacher, Birgit (2009): Was ist eigentlich Rassismus? In: Melter, Claus/Mecheril, Paul (Hrsg.): Rassismuskritik. Band 2: Rassismuskritische Bildungsarbeit. Schwalbach im Taunus: Wochenschau Verlag (Reihe Politik und Bildung, 47–48), S. 25–38.

Sabla, Kim-Patrick/Plößer, Melanie (2013): Gendertheorien und Soziale Arbeit. Bezüge, Lücken und Herausforderungen. Opladen: Barbara Budrich, S. 7–20.

Said, Edward (1978): Orientalism. Western Concepts of the Orient. New York: Vintage.

Salter, Phia S./Adams, Glenn (2013): Racism. In: Mason, Patrick L. (Hrsg.): Encyclopedia of race and racism. 2ed. Detroit: Macmillan Reference USA, S. 413–418.

Schallberger, Peter (2006): Soziale Ungleichheit. Skript für das Modul C1, FHS St. Gallen. Online verfügbar unter: http://www.peterschallberger.ch/resources/Lehre/Skript_Ungleichheit_Schallberger.pdf [Zugriff: 19.10.2016].

Schrader, Kathrin (2013): Drogenprostitution. Eine intersektionale Betrachtung zur Handlungsfähigkeit drogengebrauchender Sexarbeiterinnen. Bielefeld: transcript.

Schrader, Kathrin/von Langsdorff, Nicole (2014): Im Dickicht der Intersektionalität. Münster: Unrast-Verlag.

Sinus-Institut 2016: Sinus Milieus in der Schweiz. Online verfügbar unter: http://www.sinus-institut.de/sinus-loesungen/sinus-milieus-schweiz/ [Zugriff: 19.10.2016].

Soiland, Tove (2008): „Die Verhältnisse gingen und die Kategorien kamen. Intersectionality oder vom Unbehagen an der amerikanischen Theorie." In: Querelles-Net. Rezensionszeitschrift für Frauen- und Geschlechterforschung. Online verfügbar unter: http://portal-intersektionalitaet.de/uploads/media/Soiland_04.pdf [Zugriff: 13.05.2009].

Sow, Noah (2011): Rassismus. In: Arndt, Susan/Ofuatey-Alazard, Nadja (Hrsg.): Wie Rassismus aus Wörtern spricht. (K)Erben des Kolonialismus im Wissensarchiv deutscher Sprache. Ein kritisches Nachschlagewerk. Münster: Unrast, S. 37–51.

Spivak, Gayatri Chakravorty (1985): The Rani of Simur. An Essay in Reading the Archives. In: Barker, Francis et al. (Hrsg.): Europe and its Others. Colchester: University of Essex, S. 128–151.

Thürmer-Rohr, Christina (1987): Vagabundinnen. Feministische Essays. Berlin: Orlanda.

Viehmann, Klaus u.a. (1993): Drei zu Eins. Klassenwiderspruch, Rassismus und Sexismus. Berlin: Edition ID-Archiv.

Villa, Paula-Irene (2003): Judith Butler. Frankfurt/Main: Campus.

Voß, Heinz-Jürgen (2013): Biologie & Homosexualität. Theorie und Anwendung im gesellschaftlichen Kontext. Münster: Unrast-Verlag.

Walgenbach, Katharina (2012): Intersektionalität – eine Einführung. Online verfügbar unter: http://www.portal-intersektionalitaet.de [Zugriff: 23.11.2015].

Walgenbach, Katharina (2007): Gender als interdependente Kategorie. In: Dies./Dietze, Gabriele/Hornscheidt, Lann/Palm, Kerstin (Hrsg.): Gender als interdependente Kategorie: neue Perspektiven auf Intersektionalität, Diversität und Heterogenität. Opladen: Barbara Budrich, S. 23–64.

Warner, Michael (1991): Introduction. Fear of a Queer Planet. In: Social Text, Nr. 9, S. 3–17.

West, Candace/Fenstermaker, Sarah (1995): Doing Difference. In: Gender & Society, Vol. 9, S. 8–37.

West, Candace/Zimmerman, Don (1987): Doing Gender. In: Gender & Society, Vol. 1, S. 125–151.

Winker, Gabriele/Degele, Nina (2009): Intersektionalität. Zur Analyse sozialer Ungleichheiten. Bielefeld: transcript.

Winker, Gabriele/Degele, Nina (2007): Intersektionalität als Mehrebenenanalyse. Online verfügbar unter: http://www.feministisches-institut.de/wp-content/uploads/2009/07/intersektionalitaet.pdf [Zugriff: 16.07.2014].

Winker, Gabriele/Degele, Nina (2008): Praxeologisch differenzieren. Ein Beitrag zur intersektionalen Gesellschaftsanalyse. In: Klinger, Cornelia/Knapp, Gudrun-Axeli (Hrsg.): Überkreuzungen. Fremdheit, Ungleichheit, Differenz. Münster: Dampfboot, S. 194–209.

Winker, Gabriele (2010): Prekarisierung und Geschlecht. Eine intersektionale Analyse aus Re-produktionsperspektive. In: Manske, Alexandra/Pühl, Katharina (Hrsg.): Prekarisierung zwischen Anomie und Normalisierung. Geschlechtertheoretische Bestimmungen, Münster: Dampfboot, S. 165–184.

Eigene Notizen

Eigene Notizen